자줏빛 끝동의 비밀

KB190390

자줏빛 끝동의 비밀

지혜진 소설

약초꾼 소년,
폐위된 왕후를
만나다

다른

차례

자라나는 아픔

며칠 전부터 비바람이 밤낮없이 몰아치더니 이른 새벽부터 날이 맑았다. 비바람이 몰고 간 것이 무엇이었는지 하늘은 더없이 청명했고, 초록 잎사귀들은 싱그러운 빛을 뿜어내고 있었다.

맑은 물로 세수를 하고 목덜미를 닦아 내자 대야에 담긴 물이 금방 탁해졌다. 덥고 습한 날씨 탓인지 얼굴에서 피고름이 자꾸만 흘러나왔다. 맑은 하늘 아래에 서 있는 일이 금방 쓸쓸해지고 말았다.

방 안에서 동생들이 다투는 소리가 밖으로 흘러나왔다. 어머니는 이른 새벽부터 이웃들에게 받아 온 빨랫감을 챙기고 있었다. 며칠 동안 비가 온 탓에 일감이 잔뜩 밀려 있는 듯했다.

"그만큼 키워 놨으면 밥값이라도 할 일이지. 허구한 날 집구석에 틀어박혀 지겹지도 않나. 동생들이 뭘 보고 배우겠어."

어머니는 들으라는 듯 목소리를 높였다. 어머니의 불편한 마음을 모르는 바는 아니었다. 하지만 집 밖으로 나서는 일이 나에겐 결코 쉬운 일이 아니었다. 나를 뚫어져라 쳐다보며 수군거리는 사람들, 몹쓸 돌림병에 걸린 환자 취급을 하는 사람들, 혀를 끌끌 차며 동정하는 사람들 사이에 서 있는 일은 도무지 적응되지 않았다. 화상 흉터를 얼굴과 몸에 새긴 채 늘 저고리가 피고름으로 젖어 있는 불쌍한 아이가 바로 나라는 것, 나조차도 나를 불쌍히 여기고 있다는 것을 확인하는 일일 뿐이었다.

"정오가 또 날 때렸어."

겸오가 훌쩍이며 내게로 뛰어왔다. 정오보다 세 살이나 많은 녀석이 매번 정오에게 당하기만 했다. 겸오가 정오보다 힘이 약해서는 아니었고, 아무리 화가 나도 누굴 아프게 하지 못하는 심성 때문이었다.

"그럼 너도 같이 때려."

겸오가 흐느끼며 내 품에 와락 안겼다.

"형이 그랬잖아. 누굴 때리는 건 나쁜 거라고. 그런데 왜 나한테 그걸 시켜."

나보다 두 살 어린 겸오는 식구 중에 나를 가장 많이 닮았다. 둘이 나가면 쌍둥이가 아니냐는 오해를 종종 받기도 했다. 나는 겸오의 어깨를 토닥였다. 그때 화가 가라앉지 않은 정오가 뛰어나와 겸오의 옷자락을 붙잡고 늘어졌다. 그럴수록 겸오는 내게 더 찰싹 달라붙어 내 진을 빼 놓았다. 이렇듯 집 안에 있는 것도 마냥 편한 것은 아니었다. 어머니 말처럼 밖에 나가 일을 구하는 편이 훨씬 나을지 모른다. 하지만 나는 감당할 수 없는 무력감에 시달리고 있었다. 나의 쓸모는 누군가의 동정을 받아야 생겨났다. 그렇다고 이대로 어디론가 홀쩍 사라져 버릴까 싶을 때면 나는 동정도 아까운 인간이라는 생각에 이르고는 했다.

　답답한 마음을 어쩌지 못하고 나는 송현 나루터 근처 갈대밭으로 향했다. 누가 나를 보고 혀를 찰까 싶어 고개를 숙이고 무작정 걸었다. 그러다 누군가와 어깨를 부딪쳤고 순식간에 멱살을 잡히고 말았다.

　"겁도 없이 어딜 돌아다녀. 또 한 번 내 눈에 띄면 알아서 하라고 했지?"

　영목이 형의 무시무시한 눈빛을 보자 머리칼이 쭈뼛 섰다. 하필 사람 발길이 뜸한 곳에서 영목이 형을 만나다니 지지리도 운이 나쁜 날이었다.

　"이 흉물스러운 놈. 내 동생하고 눈도 맞추지 말라고 했어, 안 했어?"

　영목이 형의 묵직한 주먹이 내 얼굴을 향해 내리꽂혔다. 눈앞이 아득해지면서 몸이 저절로 뒤로 넘어갔다. 내 배 위로 올라탄 영목이 형이 다시 내 멱살을 잡았다.

"지렁이만도 못한 놈. 언감생심 누굴 넘봐?"

영목이 형의 여동생 영초는 나의 오랜 동무였다. 그저 마음을 솔직하게 터놓고 어울릴 뿐인데 영목이 형에겐 내가 눈엣가시인 듯했다. 온몸에 힘이 풀리며 순식간에 축 늘어졌다. 영목이 형은 벌떡 일어나 나를 향해 침을 뱉고는 가 버렸다. 가까스로 실눈을 떠 보니 햇빛이 얼굴 위로 환히 쏟아지고 있었다. 눈물조차 나지 않았다. 그때 눈앞에 동그란 얼굴 하나가 나타났다.

영초였다. 언제부터 보고 있었던 것일까. 아마 영초가 나서서 영목이 형을 말렸다면 나는 더 많이 맞았을 것이고, 영초도 제 오라비에게 혼쭐이 났을 것이다.

"오라버니가 아버지 때문에 그래. 아버지가 하도 너희 아버지 흉을 보니까."

영초의 아버지인 막수 아저씨는 우리 집과 오랜 인연이 있었다. 막수 아저씨는 약초꾼들을 거느리고 약방이나 상인들에게 약초를 대는 일을 했다. 막수 아저씨의 도움으로 돈을 버는 아버지가 가끔 크고 작은 사고를 치는 바람에 곤란해진 적도 더러 있었다. 변변치 않은 아버지에 더 변변치 않은 용모를 가진 나를 죽도록 싫어하는 영목이 형의 마음도 이해 못 할 바는 아니었다.

"잘 참았어. 똥이 무서워서 피해? 더러우니까 피하지."

나는 늘어진 몸을 천천히 일으켜 세웠다.

"나 때문에 네 오라비를 똥이라고 할 것까진 없어."

영초는 조용히 한숨을 내뱉고는 나뭇잎으로 싼 약 한 첩을 내밀었다.

"상처가 난 곳에 바르면 좋을 거야. 널 생각해서 만들었으니 잊지 말고 써 봐."

영초는 막수 아저씨를 따라 산과 들로 약초를 캐러 다녔다. 제 나름대로 공부를 열심히 해서 이것저것 아는 것도 많았다.

"써 보고 좋으면 또 만들어 달라고 해."

우리는 어깨를 나란히 한 채 유유히 흘러가는 강물을 오래도록 바라보았다. 잔잔한 마음을 갖게 될 어느 날을 꿈꿔 보았다. 나에게 그런 날이 영영 오지 않을 걸 알면서도.

집에 돌아와 보니 어머니가 성난 얼굴로 툇마루에 앉아 있었다. 열린 방문 틈으로 손을 들고 서 있는 겸오와 정오가 보였다. 어머니는 나를 보고는 언짢은 마음을 감추지 못했다.

"빨래를 몇 보따리나 하고 왔는데 집 안 꼴은 이게 뭐야. 동생들은 거두지도 않고."

나는 저절로 몸이 움츠러들었다.

"도대체 너는 하는 일이 뭐니? 아휴 답답해. 아비라는 인간은 며칠째 집에 들어올 생각도 안 하고."

어머니는 입버릇처럼 또 푸념을 늘어놓았다. 동생들은 눈치란 것이 없는지 티격태격하다 다시 싸움이 붙었다. 정오가 겸오의 볼을 꼬집자 겸오가 울음을 터뜨렸다. 어머니는 더는 못 참겠다는 듯 빨래한 옷 뭉치를 방 안으로 던져 버렸다.

"그만 싸우고 이거나 개켜."

나는 어머니 눈치를 보며 방 안으로 들어갔다. 방 가운데에 햇볕에 바짝 말린 옷가지가 한가득했다.

"지난번에 반듯하게 접는 법 알려 줬지?"

내 말에 겸오가 고개를 끄덕였다. 하지만 정오는 아직도 분이 풀리지 않는지 여전히 씩씩거렸다.

"정오는 겸오보다 일을 더 많이 해야겠다."

"내가 왜?"

가만있을 정오가 아니었다.

"화가 날 땐 일을 하면 마음이 차분해지거든."

정오가 나를 빤히 쳐다보았다.

"어? 이상하다. 어머니는 일을 많이 하시는데 왜 형한테 자꾸만 화를 내셔?"

내가 아무런 대답을 하지 않자, 그제야 동생들도 눈치를 보며 묵묵히 옷을 갰다. 쉽게 줄어들지 않을 것 같았는데 셋이 힘을 보태니 생각보다 일찍 끝났다. 동생들이 동시에 만세를 외치며 일어섰다. 정오가 방문을 열었는데 어머니가 보이지 않았다.

"뒷간에 가셨나?"

내 말에 겸오가 손뼉을 치며 말했다.

"맞다! 뒷간에 씨앗!"

말이 떨어지기가 무섭게 나와 겸오는 뒷간 쪽으로 뛰었다. 영문을 모르는 정오가 어딜 가냐며 등 뒤에서 소리쳤지만 대답할 겨를이 없었다.

우리 둘은 서로를 마주 보며 기대에 찬 눈빛을 교환했다. 얼마 전 뒷간 담벼락 아래에 영초에게서 받은 홍화씨를 심어 두었다. 싹이 나기만을 목이 빠져라 기다렸는데 집안 분위기가 좋지 않아 잊고 있었다.

"싹이 났겠지?"

오랜만에 밝게 웃는 겸오의 얼굴을 보니 나도 덩달아 기분이 좋아졌다. 하나, 둘, 셋! 우리는 담벼락 모퉁이를 돌았다. 하지만 우리가 본 것은 뜻밖에도 뒷간 근처에서 세 사람이 엉겨 붙어 드잡이를 벌이고 있는 모습이었다.

"아니 도대체 왜 생사람을 잡고 난리야? 자네는 내가 그렇게 만만한가?"

막수 아저씨에게 멱살을 잡힌 아버지가 따져 물었지만 얼굴은 잔뜩 겁에 질려 있었다.

"속여 먹을 게 따로 있지. 혜민원에 들어가는 약초 망태기에 독초를 넣어?"

"뭐? 무슨 소린가? 내가 도대체 뭘 넣었다는 거야?"

아버지는 도무지 믿을 구석이라고는 없는 사람이었다. 아버지를 문제 삼지 않는 사람은 이 세상에 어머니와 나 그리고 동생들뿐이었다.

"자네가 아니면 누가 그랬겠나? 이미 신뢰를 잃은 자네를 내 밑에 넣어 주었는데 또 이렇게 내 뒤통수를 치다니! 이 일을 들키면 자네는 물론 나 역시 곤란을 겪게 된다는 걸 정녕 몰랐단 말인가?"

아버지의 얼굴이 붉어졌다. 꾸물거리는 아버지를 보니 막수 아저씨의 말이 맞는 것 같았다.

"일부러 그런 것이 아니라 내 눈이 어두워서 실수를 한 것을 가지고 이리 크게 화를 낼 것까지 있는가?"

아버지가 하는 '실수'는 늘 '위험'을 불러온다는 것을 아버지만 모르는 듯했다.

"일 같은 거 꾸미지도 못하는 사람인데, 이것 좀 놓고 말해요. 네?"

어머니가 아버지의 멱살을 잡은 막수 아저씨의 손을 떼어 내려 안간힘을 썼다.

"어이쿠. 일을 못 꾸미는 사람? 아직도 이자를 그리 모르오? 아니면 모른 척하는 거요?"

막수 아저씨가 기가 막힌다는 듯 고개를 뒤로 젖혔다.

"처자식을 죽이려고 집에 불을 지른 인간이 바로 이 인간 아니오?"

막수 아저씨는 무서운 얼굴로 어머니를 윽박질렀다.

"아, 아니. 도, 도, 도대체 무슨 말이에요? 누가 부, 불을….."

말을 더듬는 어머니와 잔뜩 긴장한 아버지의 표정이 놀랍게도 닮아 있었다.

"자네, 내 처한테 너무 시, 심한 거 아, 아닌가? 내 처가 무슨 죈가? 사람 참. 어찌 이리 됨됨이가 고약해?"

아버지는 아무렇지 않은 척을 하려 무척이나 애를 쓰고 있었다. 하지만 쉽게 기가 꺾일 막수 아저씨가 아니었다.

"무슨 죄냐고? 말도 못 하는 갓난쟁이가 불이 들끓는 방에 떨어졌는데 줍지도 않고 보고만 있던 사람이 자네 처 아니었나? 자네는 불을 싸지르고 똥개처럼 뒷간에 숨어 있느라 그걸 몰랐는가? 아니면 둘이 알고도 서로 쉬쉬해 주고 있는 건가?"

막수 아저씨는 아버지를 아예 바닥으로 내동댕이쳐 버렸다.

"내가 아니었다면 불귀신이 물고 늘어져 단오는 이 세상 사람이 아니었을 걸세. 어찌 보면 자네 집안의 은인인 나한테 이런 수작을 부려?"

어머니가 어깨를 늘어뜨린 채 떨고 있었다. 어둠 속에서도 그 흔들림이 훤히 보였다.

"조만간 혜민원에 가서 자네의 잘못을 고해야 할 거야. 물론 한 번만 더 그딴 식으로 일을 한다면 그때는 내가 자네를 가만두지 않을 테니 그리 알아. 우리 영목이가 종종 단오를 괴롭히는 모양인데 그것도 다 그럴 만한 이유가 있는 게 아니겠나? 애들 눈에도 자네들이 오죽 변변치 않아 보이면 그랬겠나. 정신들 똑바로 차리고 살아야지. 애들 보기 부끄럽지도 않아? 저를 두 번 죽인 부모한테 찍소리도 못 하고 잡혀 사는 단오를 보면 내 오장육부가 다 뒤틀린단 말이야."

막수 아저씨는 한껏 쏟아 낸 이 모든 말이 이제 자신과는 아무런 상관도 없다는 듯 획 하니 자리를 떠나 버렸다. 어머니, 아버지는 그 오물 같은 말들을 뒤집어쓴 채 황망한 표정을 짓고 있었다. 그리고 나는 그 오물 같은 말들을 곱씹어야 했다. 내가 지금 무엇을 들었는지 알 수 없었다. 하지만 이미 들은 말들은 내 몸에 남은 흉터만큼이나 선명하게 내 몸 구석구석을 파고들었다.

"허허, 저 막돼먹은 인간 같으니라고."

아버지는 풀어진 옷고름을 여미며 피식피식 웃었다. 아버지는 마음을 감출 수 없을 때 그렇게 웃곤 했다. 곤두박질친 심장이 땅속으로 파고들 것처럼 요란을 떨었다.

"막돼먹은 인간이라고?"

어머니가 한마디를 뱉은 후 정신을 놓은 사람처럼 끅끅거리며 웃었다. 하지만 그 웃음은 금방 울음으로 바뀌었다.

"막수 저 사람 거짓말은 안 해요."

아버지가 흠칫 놀라며 어머니를 노려봤다.

"거짓말이 아니라고? 그럼 정말 불이 난 방에 떨어진 단오를 보고만 있었단 말이야?"

어머니가 흐느끼자 아버지가 어머니를 향해 발길질을 했다.

"이리 독하디독한 것이 있나!"

아버지의 발길질에 푹 고꾸라진 어머니가 끙 소리를 내며 일어섰다.

"당신이 집에 불만 지르지 않았어도 단오에겐 아무 일도 없었을 거예요."

아버지가 어머니의 일그러진 얼굴을 노려보더니 머리를 감싸쥐었다.

"나도 그 방에 따라 들어가 같이 죽으려고 했어."

"믿지 않아요."

아버지가 억울하다는 듯 가슴을 마구 내리쳤다.

"단오는 왜 두고 나오려고 한 거야?"

아버지의 질문에 어머니의 몸이 크게 휘청거렸다.

"힘들어서, 사는 게 힘들어서요. 그런 생각을 했는데 그만…."

말이 되지 않는 말을 듣고 있는데, 겸오가 두 손으로 내 두 귀를 막았다. 겸오는 눈물을 흘리고 있었다.

"형, 듣지 마."

겸오가 나를 보며 고개를 저었다. 슬픔을 티 내지 않으려 안간힘을 쓰고 있었다. 나에 이어 동생들까지 상처받길 원하지 않았다. 나는 겸오의 손을 떼어 내며 말했다.

"우리는 새싹을 보러 왔잖아."

나는 겸오 손을 잡고 씨앗을 심은 흙더미 쪽으로 향했다. 하지만 우리의 바람과 달리 싹은 자라지 않았다. 조심히 흙더미를 파보았다. 흙 속의 홍화 씨앗은 볼품없이 쪼그라져 있었다.

"죽었네."

이 말이 내 몸속을 파고들었다. 겸오가 내 옆에 쪼그리고 앉아 흐느꼈다.

"튼튼한 싹을 보고 싶었는데."

내 말에 겸오의 흐느낌이 더 커져만 갔다.

"괜찮아. 영초한테 다시 씨앗을 받아 올게."

겸오가 울어서 나는 울 수가 없었다. 나는 형이니까, 그 애보다 더 빨리, 더 많이 울 수는 없으니까. 나는 겸오의 등을 가만히 쓸어 주었다. 떨리는 겸오의 몸이 잠잠해지기를 기다리는데 등 뒤로 서늘한 느낌이 들었다. 고개를 살짝 돌려 보았다. 어머니, 아버지가 우리를 보고 있었다.

다섯 식구가 몸을 누인 방에 불이 꺼진 지 오래인데 나는 잠을 이룰 수 없었다. 몸을 움직이고 싶었지만 너무 조용했고, 너무나도 좁았다.

"애들이 들었을까?"

침묵을 깬 건 아버지였다.

"못 들은 것 같아요."

"정말?"

"들었다면 가만있겠어요? 보통 일도 아니고."

어머니는 확신에 차 있었다.

"그런데 겸오가 울고 있었잖아."

어머니가 잠시 머뭇거리다 말했다.

"씨앗이 썩었다고 하잖아요. 그런 일로 울고도 남을 애인걸요."

"단오가 들었는지 그게 중요하지. 겸오는 뭐…."

어머니와 아버지는 누가 먼저랄 것도 없이 한숨을 폭 내쉬었다.

"몸에 불이 붙은 단오를 구해 준 게 막수였어요. 어찌 보면 우리의 은인인데 어쩌다 이리 사이가 멀어진 건지. 이러다 단오 귀에라도 들어갈까 겁이 나요. 그러니까 당신도 막수 저 사람 비위좀 맞춰 봐요. 저 사람 밑에서 일하면 그래도 입에 풀칠은 할 수있잖아요."

"다른 건 다 참겠는데 별것도 아닌 놈이 나랏일에 기웃거리는게 꼴 보기가 싫더라고. 저나 나나 잡초 같은 처지인데 어린 임금을 다시 앉히겠다고 이리 뛰고 저리 뛰어다니며 입바른 소리만해 댔는데 내가 속이 안 꼬이겠나?"

아버지의 말을 끝으로 대화는 더 이어지지 않았다. 잠시 후 아버지는 코를 골았다. 어머니도 잠이 들었는지 입맛을 다시며 잠꼬대를 했다.

나는 '어떻게 부모라는 사람들이 그럴 수 있는 걸까'라는 질문에 답을 찾지 못한 채 온 밤을 버텨 낼 뿐이었다. 다 찢어져 가는 창호지 너머로 달빛이 방 안을 비추고 있었다. 달빛에게마저 내 흉터를 보이고 싶지 않아 몸을 옆으로 돌렸다. 겸오의 맨얼굴이 달빛을 받아 환히 보였다. 겸오는 울고 있었다.

해가 뜨려면 멀었지만 결국 나는 자리를 털고 일어났다. 내 뒤를 겸오가 따라나섰다.

"형, 어디 가?"

겸오의 얼굴이 어두웠다. 내가 대답을 하지 않자 겸오가 굵은 눈물을 뚝뚝 흘렸다.

"겸오야, 왜 자꾸 울어?"

"형이 울고 싶을 것 같아서."

나는 간신히 손을 올려 겸오의 머리를 쓰다듬어 주었다.

"부모님께는 모른 척해. 알았지?"

겸오가 떨리는 몸을 겨우 추스르며 말했다.

"다른 사람을 아프게 하면 나쁜 거야. 그건 나쁜 거야."

겸오는 나쁘다는 말을 몇 번이고 내뱉었다. 그러다 무언가를 참아 내려는 듯 입술을 깨물었다.

'그래. 제아무리 부모라 해도 이럴 수는 없는 거야.'

내가 밤새 찾은 대답은 이것 하나뿐이었다. 하지만 이 마음을 들을 수 있는 사람은 이 세상에 딱 하나, 바로 나 자신뿐이었다.

아버지가 코를 고는 소리가 방 안에 더 크게 울렸다. 그 소리가 마치 모든 사실을 알고도 아무것도 하지 못하는 나약한 나를 비웃는 것 같았다.

군부인

좁은 집에서 어머니, 아버지를 마주치지 않기란 쉬운 일이 아니었다. 나는 내가 버려졌다는 사실보다, 그러고도 살아남은 내가 싫어서 견딜 수가 없었다. 세수를 하려고 대야에 물을 받았다. 피고름으로 탁해진 물을 보니 불쑥 화가 나 대야를 걷어차 버렸다. 대야가 부르르 몸을 떨며 요란한 소리를 냈다.

"뭐 하니?"

언제 왔는지 영초가 나를 보고는 빙그레 웃고 있었다. 영초가 내 맨얼굴을 한두 번 본 것도 아닌데 쥐구멍에라도 숨고 싶었다. 혹시 막수 아저씨에게 무슨 이야기라도 듣고 온 건 아닐까 싶어 겁이 났다.

"뭐 화나는 일이라도 있는 거야? 너한테도 이런 모습이 있다니 조금 놀랐어."

"나는 뭐 화도 낼 줄 모를까 봐?"

아무에게나 화를 내고, 소리를 지르고 싶었다. 그러면 조금이라도 답답한 마음을 풀 수 있을까 궁금하기도 했다.

"같이 산에 가자. 기분이 훨씬 좋아질 거야."

영초가 다가와 내 팔을 잡았다.

"너도 이제 뭘 좀 배워야지. 아버지가 너에게도 약초 캐는 법을 알려 주라고 했어. 둘이 같이 배우면서 하면 훨씬 더 좋을 거라고 말이야."

"그런 일에 관심 없어."

막수 아저씨의 뜻이라니 내키지 않았다.

"일을 잘 배워 두면 돈도 벌 수 있으니 너에게 해로울 건 없어. 어서 가자."

영초가 붙잡은 내 팔을 잡아끌었다.

"봐! 날도 이렇게 좋잖아."

영초는 한쪽 손을 높이 들어 하늘을 가리켰다. 세상 모든 일이 아무렇지 않게 굴러가고 있다는 듯 하늘은 맑고 푸르렀다.

"몸을 움직이면 기분이 나아질 거야."

영초는 시큰둥한 내 대답에도 손을 놓지 않았다. 내가 어떻게 해도 영초가 포기하지 않을 거라는 걸 알기에 나는 못 이기는 척 발걸음을 옮겼다.

함께 산을 오르며 내가 영초에게 가장 많이 한 말은 "너는 언제 이런 걸 다 알게 됐어?"였다. 내가 집 안에 틀어박혀 시간을 낭비하는 동안 영초는 알찬 시간을 보낸 모양이었다.

"이건 소방목이야. 약재로 쓰지만 임금님 곤룡포를 염색할 때 쓰기도 해. 그래서 좋은 소방목을 고르는 일이 어려운가 봐. 귀한 것은 쉽게 얻을 수 없으니까."

영초는 소방목 앞에 쪼그리고 앉아 잎사귀를 쓰다듬었다.

"이건 아직 덜 자란 것 같아. 더 기다렸다가 다시 와 보자."

좋은 것을 얻기 위해 기다리는 것, 덜 자란 것의 모가지를 함부로 꺾지 않는 것. 갑자기 눈물이 핑 돌았다.

"그, 그럼. 이건 모, 몸 어디에 좋은 건데?"

약해 빠진 마음을 들키지 않으려 안간힘을 썼다. 영초가 나를 물끄러미 바라보았다. 들키고 싶지 않아 고개를 돌렸다.

"음… 뭐였더라?"

"모르면 관둬."

내가 소방목을 지나치려 하자 영초가 무릎을 탁 쳤다.

"피가 잘 돌게 해 준대. 아, 맞다. 그리고 염증에도 좋다고 했어. 내가 좋은 소방목을 구하면 고약으로 만들 수 있는지 알아볼게. 네 피부 염증을 낫게 하는 데에도 효과가 있을 거야."

부모님이 감추고 있던 비밀을 몰랐다면, 나는 영초가 만들어 보겠다는 그 약을 기다렸을 것이다.

"이 흉터는 어떤 것으로도 나을 수 없어."

내 말에 영초가 무언가를 느낀 듯 내 손을 슬며시 잡았다. 우리는 아무 말 없이 산길을 따라 걸었다. 단단한 돌을 밟고, 맨발로 걷고 싶은 촉촉한 흙길을 걸었다. 머리 위로는 나뭇가지들이 그늘을 만들었다가, 또 그 사이로 햇살을 내려 주었다.

"조심해. 여기 이끼가 많은 내리막이라 까닥하다간 미끄러져."

영초가 뒤를 돌아보며 말했다.

"너나 조심해."

내 말이 끝나기가 무섭게 찌익, 영초가 미끄러졌다. 그 바람에 짚신 하나가 벗겨져 높이 솟아올랐다가 영초의 정수리를 맞히고 떨어졌다.

"아얏! 이게 뭐야."

제 꼴이 우스웠는지 영초가 하하하, 목청이 보이도록 웃었다. 나는 짚신을 주워 영초의 발에 신겨 주었다.

"칠칠치 못하기는."

영초의 손을 잡고 일으켜 주려는 찰나, 나도 이끼를 밟고 찌익 미끄러졌다. 영초는 아까보다 더 크게 웃었다.

"칠칠치 못하긴."

영초가 내 말을 그대로 따라 했다. 우리는 이끼 더미 위에 앉아 한참을 크게 웃었다. 머리 아픈 일은 잠시 제쳐 두고 마음 편히 이렇게 웃어 본 적이 언제였을까. 산에 오길 잘했고, 영초가 내 옆에 있어 주어서 다행이었다.

우리는 망태기 안에 몇 가지 약초를 채워 산에서 내려왔다.

"장터에 잠시 들렀다 가자. 이번에 새로 터를 잡은 염가* 주인에게서 받아 갈 것이 있어."

영초가 장터로 가는 길목으로 나를 이끌었다.

"무슨 일인데?"

"홍화 꽃물. 새로 온 주인이 아버지께 선물을 드리고 싶은가 봐."

나는 오랫동안 사람들이 많은 곳에 가지 않으려고 해 왔다. 사람들이 나를 보고 피하거나 욕을 하거나 혀를 찰 것이 빤했기 때문이다. 그런 시선을 받아 내는 것은 아무리 겪어도 익숙해지지 않았다.

"너 혼자 다녀와. 난 집으로 갈래."

내가 싫다는 일은 더 권하지 않는 영초지만 오늘은 달랐다.

"혼자 가기 싫단 말이야. 나도 누군가 필요할 때가 있다고."

어린아이처럼 입을 삐죽 내민 영초의 모습을 보니 마음이 흔들렸다. 내 옆에 영초가 있어 주었던 것처럼 영초에게 필요할 땐 나도 당연히 함께 있어 주어야 했다. 영초가 내 고민을 눈치채고는 좋은 생각이 났다는 듯 두 눈을 크게 떴다.

"내가 이 수건으로 네 얼굴을 가려 줄게. 그럼 너도 조금은 마

---

* 옷이나 피륙 따위에 물들이는 일을 직업으로 하는 집.

음이 편하겠지?"

영초가 수건으로 눈, 코, 입만 남긴 채 내 얼굴을 살살 감아 주었다.

"어때? 괜찮지?"

내가 고개를 끄덕이자 영초가 내 머리통을 쓰다듬었다.

새로 터를 잡았다는 염가 주인은 머리카락이 새까맣고 이목구비가 큼직한 아주머니였다. 한눈에 봐도 평범한 분위기가 아니어서 나는 하마터면 여기를 점술가나 무당의 집으로 오해할 뻔했다. 아주머니는 단번에 영초를 알아보았다.

"아이고. 왔구나. 오늘이나 내일은 오겠지 했다. 여기서 잠깐 기다리고 있거라."

아주머니는 혼자 호들갑을 떨더니 안으로 들어갔다.

"저 주인 아주머니가 아버지에게 직접 홍화 꽃물을 선물하고 싶다고 하셨대. 몹시 귀한 거라고 들었어."

"아저씨께 왜 그런 선물을 하려는 거야?"

"아버지 말로는 지방의 염가가 도성에 들어오기란 하늘의 별 따기래. 도성에 와서도 잘되기가 쉽지 않대. 그래서 아마 아버지처럼 염색에도 쓰는 약초를 캐는 사람들에게 선물을 주면서 얼굴도 알리고 입소문을 내고 싶어서 그런 것 같아."

잠시 후 아주머니가 영초의 얼굴만 한 단지를 들고나와 하얀 보자기 위에 올렸다. 아주머니는 오른손에 붕대를 감고 있었다.

"아주머니, 손이 불편하신 것 같은데 제가 단지를 싸겠습니다."

영초가 거들려고 하자 아주머니가 한사코 마다했다.

"걱정 말거라. 나는 왼손잡이란다."

아주머니는 미소를 지은 채 왼손으로 척척 매듭을 만들고 보자기를 묶었다. 그리고 막수 아저씨의 이름이 수놓인 천 주머니를 영초에게 주었다. 영초가 정갈한 이름 자수를 보고는 놀라 내게도 보여 주었다.

"아주머니께서 직접 자수까지 놓으셨나요?"

아주머니가 고개를 끄덕였다.

"얘야, 이건 어디서도 구하지 못할 아주 고운 꽃물이란다. 아버지께 이 주머니 안에 넣은 서찰을 읽어 보시라고 해 다오."

"예. 잘 알겠습니다."

"예쁘기도 하지. 이 꽃물보다 네 얼굴이 훨씬 고우니 아버지께서 꽃물이 예쁜지 잘 모르실까 봐 걱정이구나."

아주머니는 수줍어하는 영초의 등을 쓰다듬으며 칭찬을 아끼지 않았다. 그리고 귀한 손님에게 하듯 문 앞까지 나와 우리가 가는 길을 배웅했다.

"굉장히 친절하신 분인 것 같아. 안 그래?"

영초는 곱다는 칭찬을 듣고 기분이 좋아진 듯했다. 단지를 꼭 끌어안고 신이 나서 종종걸음을 했다.

'친절한 분?'

뒤를 슬쩍 돌아보았다. 얼굴을 가린 천이 눈을 반쯤 가려 잘 보이지 않았지만 염가 주인이 아직도 문 앞에 서서 우리를 바라보고 있었다. 걸음을 옮기려다 아까와는 조금 다른 느낌이 들어 다시 한번 뒤를 돌아보았다. 아주머니가 내 시선을 느꼈는지 가게 안으로 휙 들어가 버렸다.

"어? 여기는 집으로 가는 방향이 아니잖아."

내 말에 영초가 꽃물 단지가 든 보따리를 내게 내밀었다.

"아휴, 무거워라. 이제 네가 좀 들어 줘."

그러더니 영초는 마치 갈 곳이 있다는 듯 다른 길로 들어섰다.

"왜 딴말이야. 어디 가는 건데?"

영초는 대답도 하지 않고 계속 앞서 걸었다. 영초답지 않게 너무 외진 길로만 가는 것이 마음에 걸렸다. 무슨 꿍꿍인가 싶어 돌아가고 싶었다. 하지만 귀하다는 꽃물을 들고 있으니 그저 따라갈 수밖에 없었다. 이런 내 마음과 달리 앞서 걷는 영초의 뒷모습은 잔뜩 신이 난 듯 보였다.

얼마를 뒤따랐을까. 영초가 다 쓰러져 가는 움막 앞에서 걸음을 멈췄다. 이렇게 외따로이 떨어진 곳에 집이 있다는 건, 그 안에 사는 사람 또한 그런 처지라는 뜻이었다. 내가 사는 집이 그렇고, 그 안에 사는 내가 그렇듯이 말이다.

"단오야. 지금 저 남정네들이 뭘 하고 있는 걸까?"

영초는 고개를 쭉 빼고 한곳을 뚫어져라 쳐다보고 있었다. 움막 방문 앞에 세 명의 남자들이 엉덩이를 쭉 빼고 서 있었다.

"그만둬. 괜한 일에 엉겨 붙지 말고."

하지만 영초는 내 말을 들은 척도 안 하고 자꾸만 남자들을 향해 다가갔다. 자세히 보니 남자 하나가 문고리를 잡고 있었고, 두 명은 그 뒤에 서 있었다. 뒤에 선 남자들이 말을 주고받았다.

"안에 있는 게 맞지?"

"그래. 분명히 들어가는 걸 봤다니까."

이번에는 문고리를 잡고 있던 남자가 키득거리며 농을 치기 시작했다.

"어디 귀한 얼굴 좀 봅시다. 우리는 이 마을에서 알아주는 부자에 용모도 뛰어나다오."

불쾌한 말을 듣고 있노라니 나까지 기분이 나빠졌다.

"어디 좀 나와 보라니까. 아무렴 우리가 먼저 간 어린 남편보다 못할까. 안 그렇소?"

남자는 문고리를 잡고 세차게 흔들었다. 가느다란 뼈대에 얇은 창호지가 여러 겹 덧발라진 문이 금방이라도 부서져 버릴 것 같았다.

"아니 저 왈패들이 뭐라고 지껄이는 거야?"

영초가 거친 숨을 내쉬며 어깨를 들썩이더니 더는 못 참겠다는 듯 남자들을 향해 소리쳤다.

"당장 그 문 앞에서 떨어져요!"

영초의 우렁찬 목소리에 남자들이 우리 쪽을 돌아보았다. 문고리를 잡고 있던 남자만 하얀 천으로 얼굴을 반쯤 가리고 있었다.

"당장 가지 않으면 관아에 고발해 버릴 거예요."

얼굴을 가려 눈만 보이는 남자가 영초를 향해 성큼성큼 다가왔다. 뒤에 서 있던 남자들도 양쪽에서 영초를 에워쌌다. 나는 금방이라도 영초가 큰일을 당할 것 같아 겁이 났다.

"가까이 다가오면 소, 소리를 지를 거예요."

영초가 떨면서 외친 말에 남자들이 모두 코웃음을 쳤다. 영초가 슬쩍 뒤를 돌아보았다.

'도와줘!'

영초의 입 모양이 분명 이렇게 말하고 있었다. 주위를 둘러보았다. 하지만 근처에는 비쩍 마른 빗자루 하나 보이지 않았다. 남자들이 금방이라도 영초의 멱살을 잡고 던져 버릴 것만 같았다. 손에 저절로 힘이 들어갔다. 단지 안에서 꽃물이 출렁거리는 것이 느껴졌다. 남자가 영초를 향해 커다란 손을 뻗쳤다. 나는 더생각할 것도 없이 보자기를 벗겨 냈다. 단지 입구를 막은 종이를 떼자 짙은 꽃물이 보였다.

"비켜!"

영초가 뒷걸음질을 치는 것과 동시에 나는 남자들을 향해 꽃물을 끼얹었다. 남자들이 입은 하얀 바지저고리와 음흉한 얼굴에 붉은 꽃물이 스며들었다. 구하기 어렵다는 귀한 꽃물을 이리 써 버린 것이 한심스러울 정도였다.

"악, 이, 이게 뭐야!"

남자들이 얼빠진 표정으로 서로를 바라봤다.

"그 물은 영영 지워지지 않아요. 아마 평생을 빨갛게 물든 얼굴로 살아야 할걸요. 그리고 나는 온 동네에 소문을 낼 거예요. 얼굴과 몸이 빨갛게 물든 사람들을 조심하라고. 그 사람들은 행실이 몹시 나쁘다고요."

영초는 남자들을 향해 으름장을 놓았다. 너무 당당하게 말해서 그 말이 사실인 것 같았다. 내 손에도 꽃물이 들어 있었다.

"거, 거짓말하지 마. 이깟 게 뭐라고 안 지워져?"

"허튼소리를 계속하다간 혼쭐이 날 줄 알아."

남자들은 영초에게 협박을 했다. 제아무리 영초가 영특한 아이라고 해도 남자 셋을 이길 수는 없는 노릇이었다.

"소문이라도 막고 싶으면 당장 이 길로 돌아가세요."

내 말에 남자 둘이 내 쪽을 흘깃 쳐다봤다. 심장이 오그라드는 것 같았다. 얼굴을 가린 남자가 내게 천천히 다가와서는 순식간에 영초가 내 얼굴에 감아 놓은 수건을 벗겨 냈다.

"허허, 요 녀석 이렇게 멋진 용모를 숨기고 있었네."

나도 그 남자의 얼굴을 보고 싶었다. 교활하게 웃으며 눈꼬리가 축 처진 그 얼굴을 똑바로 확인하고 싶었다. 하지만 나에게는 그럴 용기가 없었다. 그때 꼼짝도 않던 방문이 덜컹, 열렸다. 그 안에서 한 여인이 모습을 드러냈다. 지치고 피곤한 기색이 또렷했지만 누가 봐도 고개를 절로 숙일 만큼 범상치 않은 기운을 품고 있었다.

"이제 그만하고 돌아가십시오. 아이들 보기 부끄럽습니다."

문을 열어 보라며 닦달하던 남자들은 스스로 문을 열고 나온 여인을 보자 서로 눈치만 봤다. 남자 둘이 먼저 쏜살같이 뒤로 물러섰고, 얼굴을 가린 남자는 나와 영초를 번갈아 보며 의미심장한 미소를 짓더니 옷에 묻은 꽃물을 손으로 툭툭 쳐 냈다.

"이건 홍화 꽃물이지? 네년이 한 말을 믿어서 가는 것이 아니다. 언젠가 오늘의 만남을 또다시 떠올릴 날이 있을 테니 기대해도 좋다."

그 남자는 몇 번이고 우리 쪽을 돌아보았다. 그 시선이 너무나 불쾌해 자꾸만 마음이 쓰였다.

"마마, 그치들은 모두 가 버렸습니다. 걱정하지 마시고 들어가서 쉬세요."

영초가 문을 열고 나온 여인에게 깍듯하게 예를 갖추고는 머리를 숙였다.

'마마? 마마라고?'

한 가지 짐작 가는 것이 있었다. 분명 남자들은 '먼저 간 어린 남편'이라는 말을 했다.

"단오야, 너도 얼른 인사드려. 군부인* 마마셔."

이토록 신분이 높은 사람을 직접 본 것은 처음이라 온몸에 힘이 바짝 들어갔다.

"소, 송구하옵니다."

나는 넙죽 고개를 숙였다.

"송구하다니. 그런 말 말거라. 너희 덕분에 험한 꼴을 면하지 않았느냐."

군부인이 성큼 다가와 나와 영초의 손을 잡았다. 나는 너무 놀라 잡힌 손을 그만 쑥 빼 버릴 뻔했다.

"그런데 이 붉은 물은 무엇이냐? 안 좋은 일에 쓰이긴 했지만 색이 정말 곱구나."

군부인은 나와 영초의 옷에 묻은 꽃물을 보며 미소를 지었다. 곱고 귀한 얼굴에 깃든 미소건만 내 눈에는 퍽 쓸쓸해 보였다. 어떤 감정은 오히려 억눌려 있을 때 더 짙게 드러나는 법이었다. 나는 어쩐지 그 모습이 나를 보는 것 같아 나도 모르게 시선을 돌렸다.

"홍화 꽃물입니다. 저희 아버지께서 선물로 받으신 것입니다."

"그래? 막수 그 사람에게 갈 귀한 것이 또 나 때문에 이리되었구나."

군부인께서 막수 아저씨를 알고 있다는 사실에 나는 또 한 번

---

* 단종의 비였던 정순왕후 송씨. 세조가 왕위에 오르고 단종의 신분이 낮아지며 왕후에서 군부인이 되었다.

놀랐다.

"아닙니다. 이 상황을 아신다면 분명 잘한 일이라 크게 칭찬해 주셨을 겁니다."

영초의 말에도 군부인은 미안한 마음을 거두지 못하는 듯 보였다. 두 사람은 나를 가운데에 두고 막수 아저씨 이야기를 오래 나누었다.

아버지는 막수 아저씨가 분수에도 맞지 않는 나랏일을 한다며 대놓고 싫어하는 티를 내곤 했다. 노산군*의 복위**를 시도했다는 죄로 군부인의 가문은 풍비박산이 났다. 복위가 진정으로 노산군께서 원하신 것이었는지는 알 수 없다. 다만 그 대가로 노산군 역시 목숨을 내놓아야 했다. 나는 이런 과정을 귀동냥으로 들었을 뿐이지만, 이 비극을 들을 때마다 정치고 명분이고 간에 너무 일찍 스러져 간 목숨에 대해 그저 안타까운 마음이 들곤 했다.

"그래. 네 아버지는 언제나 내 편에 서 주었으니까. 하지만 나 때문에 더 이상 곤란을 겪는 것을 나는 원하지 않는단다."

침착한 군부인의 말이 오히려 내 마음을 복잡하게 만들었다. 모든 것을 다 잃고 혼자 남은 마음은 어떤 것일까. 나를 불길에 버린 사람이 부모라는 사실을 처음 알았던 날, 나는 내가 가진 전부를 다 잃어버린 기분이었다. 지금은 모든 것이 텅 비어 버린

---

* 단종이 왕위를 빼앗기고 군으로 신분이 달라지며 받은 칭호.
** 폐위된 왕이나 비가 다시 그 자리에 오름.

그 자리에 더없이 무거운 무언가가 나를 짓누르고 있었다. 왠지 군부인의 마음을 가늠할 수 있을 것 같았다.

"같이 온 아이는 너의 동무인가 보구나?"

군부인의 시선이 내게 닿았다. 흉한 얼굴을 보이는 것이 부끄러워 저절로 고개가 숙여졌다.

"예. 마마. 저의 오랜 동무입니다. 꽃물을 끼얹는 수를 쓴 것도 바로 이 아이입니다."

내가 쭈뼛거리자 영초가 곁눈질로 나를 보더니 내 옆구리를 쿡 찔렀다. 무슨 반응이라도 보이라는 신호였다.

"소, 송구… 송구합니다."

군부인이 내 쪽으로 한 걸음 다가왔다. 깨끗하고 맑은 향이 은은하게 났다.

"무엇이 송구하단 말이냐. 너희가 나를 도와주었는데."

나는 고개를 들 수 없었다.

"제가… 그러니까… 이런 추한 모습이라서… 그, 그렇습니다."

나는 태어나서 지금까지 누군가에게 늘 피해를 주는 존재였다. 내가 가장 많이 하는 말이 바로 미안하다는 말이었다.

"사람에겐 누구나 추한 모습이 있단다. 나 역시 그런 모습을 갖고 있지. 하지만 그건 용모의 문제만은 아니란다. 사람의 눈은 용모보다 훨씬 더 많은 것을 담고 있다고들 하지. 내가 오늘 너를 처음 보았지만 네 눈을 보니 그 말의 뜻을 또 한 번 알겠구나."

떨리는 마음을 간신히 추스르고 고개를 들었다. 군부인이 부드러운 눈빛으로 나를 바라보고 있었다.

"다음에 만날 때에는 네가 좋아하는 것이 무엇인지 말해 다오. 그렇다면 우리가 오늘보다는 조금 더 가벼운 얼굴로 만날 수 있을 것 같구나."

영초가 손뼉을 치며 좋아했다.

"예. 다음에 또 이 동무와 함께 들르겠습니다. 그리고 아버지께도 마마의 안부를 잘 전해 드리겠습니다."

"그래. 어서 가 보아라. 조금 있으면 해가 질 것 같구나. 여름의 해가 길다고 하나, 어둠은 반드시 찾아오는 법이니까."

군부인이 먼 산에 허리를 반쯤 걸쳐 놓은 해를 바라보았다. 나 역시 여름 해가 길다고 방심했다가 갑자기 찾아온 어둠에 허둥댄 날이 더러 있었다. 어느 때보다 긴장을 놓을 수 없는 계절이 바로 여름이었다.

"처소에는 혼자 계시는 것이옵니까?"

"아니다. 나와 함께 사는 옥주라는 아이가 있다. 먹을 것을 구하러 나갔는데 곧 돌아올 때가 되었다."

"예. 혹시 모르니 안에서 문을 잘 잠그고 계십시오."

군부인은 걱정하지 말라며 우리에게 어서 가라고 재촉했다. 아마 영초가 자신에게 마음과 시간을 쏟는 것을 미안해하는 것 같았다. 우리는 고개를 깊게 숙인 뒤 문밖을 나섰다. 몇 배나 무거워진 발걸음이 우리의 뒤를 붙잡고 있는 것 같았다. 군부인은 우리가 한 번 뒤돌아봤을 때 손 인사를 하고는 곧장 방 안으로 들어갔다.

"노산군께서 그리되신 것도 너무 안타까운 일이지만 지금 이리되신 군부인 마마를 돕겠다고 나서는 사람들이 없는 것이 나는 더 안타까워. 도울 마음이 있어도 왕실이나 주변의 눈치를 봐야 하니 선뜻 나서지를 못하고 있나 봐. 아버지도 어떻게든 더 힘써 보고 싶으신데 군부인 마마께서 부담을 느끼실까 봐 고민이 깊으시더라고."

누군가를 돕고자 하는 감정이 과연 순수하고 맑기만 할까? 받는 사람이 어떻게 생각하든 간에, 그저 더 주지 못해서 안타까워 하는 마음은 도대체 누굴 위한 것일까? 지금까지 사람들의 숱한 동정과 연민의 시선을 받으며 자란 나조차도 정답을 찾아낼 수 없었다.

"옳은 일을 한 것인데 너무 많은 사람이 희생됐어. 정당하게 물려받은 왕위를 가로챈다는 게 말이 돼? 그것도 어린 조카한테서."

영초는 화가 나는지 주먹을 꼭 말아 쥐었다.

"너도 막수 아저씨와 같은 생각이야?"

내 질문에 영초가 나를 보며 눈을 치켜떴다.

"당연하지. 이건 저쪽 사람들을 빼고는 모두가 옳다고 생각하는 일이잖아."

하지만 내 생각은 조금 달랐다.

"복위 시도를 하지 않는 편이 더 좋지 않았을까? 그랬다면 먼저 가신 노산군뿐만 아니라 군부인께서도 조금은 더 편안히 지내셨을 수도 있잖아. 옳다고 생각했던 일이더라도 결국 누군가를 망쳐 놓았다면 그건 잘못된 생각이었을 수도 있어."

옳은 일은 그저 옳다고 믿는 것에 불과할지도 모른다. 아버지, 어머니가 옳다고 믿고 행한 일들은 나에겐 옳지 않은 일이 되었다.

"단오 너, 설마 왕위를 빼앗은 사람들을 옹호하는 건 아니지?"

이건 왕권이라든지, 왕위의 정통성이라든지 하는 어려운 문제가 아니라 내 문제였다. 가난한 집 어딘가에서 일어난 비극도 이리 버거운데, 어린 왕이 감당해야 했던 비극은 도대체 얼마나 벅차고 무거웠을까?

내가 답이 없자 영초는 계속 재잘거리며 자신의 의견을 늘어놓았다.

"아버지는 어린 시절부터 군부인 마마의 가문 덕택에 목숨을 부지하셨대. 그러니 지금도 온갖 일을 마다하고 군부인 마마를 위해 몸과 마음을 다하시는 거야. 아버지가 살아 계셔서 내가 이렇게 태어날 수 있었던 거니까 나도 군부인 마마께 은혜를 입은 것이나 마찬가지지. 안 그러니?"

영초는 영초 아버지 덕분에, 나는 우리 아버지 때문에 이렇게 각자 다른 모습으로 살아가고 있었다. 영초가 내 사연을 모두 알게 된다면 나에게 어떤 말을 해 줄지 문득 궁금해졌다.

"참, 네가 좋아하는 건 뭐야? 마마께서 아까 그 이야기를 하자고 하셨잖아."

영초가 나를 뻔히 쳐다보았다. 깊어서 더 맑게 빛나는 영초의 눈동자에 꼬리가 긴 여름 햇살이 드리워졌다.

"설마 나?"

영초는 깔깔, 목청이 보일 듯 고개를 젖히고 웃었다. 나는 차마 영초의 얼굴을 마주할 수 없어 시선을 떨궜다. 영초의 발끝에서부터 길게 이어진 그림자가 내 마음을 간지럽혔다. 굳이 내가 아니어도 영초의 그림자는 나보다 더 단단해서 그 애의 옆을 오래 지켜 줄 것을 알기에 어떤 대답도 내어 줄 수 없었다.

내가 앞서 걷자 영초가 내 뒤를 따랐다. 영초는 내게 어서 대답하라며 여러 번 재촉하다가 무엇에 토라졌는지 반대쪽 길로 뛰어가 버렸다. 나는 영초에게 그 말이 맞다는 말을 하고 싶었지만, 마음 한구석이 쓸쓸해지는 것은 어쩔 도리가 없었다.

점점 더 복잡해지는 생각들을 하나씩 밟아 가며 걷다 보니 어느새 집 앞에 도착해 있었다. 그사이 어둠이 주위에 깔려 있었다. 방 한 칸에서 간신히 새어 나오는 불빛이 내 마음을 먹먹하게 만들었다. 집 안과 밖 그 어디에서도 답을 찾을 수 없었다. 나는 그 자리에 털썩 주저앉았다. 바지 끝에 꽃물이 스며들어 있었다. 어둠 속에 있지만 그것은 여전히 붉은색일 것이다.

'다음에 만날 땐 네가 좋아하는 것이 무엇인지 말해 다오.'

내가 좋아하는 것이 무엇이었는지, 그런 게 있긴 했는지, 있었는데 나도 모르게 사라져 버린 건 아닌지, 그것도 아니라면 내가 숨기고 있는 건 아닌지. 군부인의 질문이 떠올랐을 때 갑자기 두 눈에 눈물이 차올랐다. 그 답이 나의 이 커다란 구멍을 채워 줄 수 있을까. 그러기를 바라는 마음이 분명 나에게 남아 있다는 걸 알기에 더더욱 마음이 조여 왔다. 나는 여름의 어둠이 붉은색을 더는 앗아 가지 못하게 바지 끝을 꽉 움켜쥐었다. 그렇게라도 하면 답을 꼭 찾아낼 수 있을 것처럼.

아버지의 빛

영초는 그 후로도 여러 번 나를 산에 데려가 제가 아는 식물들에 대해서 알려 주었다. 여러 번 같은 곳을 지나다 보니 내 눈에도 식물들이 한 덩어리로 보이는 게 아니라 하나씩 구별되기 시작했다.

그중에서도 지초는 볼수록 묘한 매력이 있어 나는 한참을 지초 군락 근처에 머물러 있곤 했다. 하얗고 작은 꽃잎에 길쭉하고 갸름한 잎사귀가 어우러진 모양새도 마음에 들었지만 땅 아래 굵은 자주색의 뿌리가 숨어 있다는 것이 더 좋았다.

"어지간한 솜씨가 아니고서야 뿌리를 온전하게 캐낼 수 없어서, 약초꾼들도 지초 캐기를 모두 어려워해."

영초가 오늘도 지초 앞에 앉아 있는 내 어깨를 툭 치며 말했다.

"네가 한번 캐 볼래?"

나는 자신이 없어 고개를 저었다.

"괜히 손댔다가 뿌리를 해칠까 겁나."

내 말에 영초가 뭔가 생각하는 듯했다.

"하지만 그런 일을 겪지 않고 성공할 도리가 없으니까 그렇지."

그 말에도 일리가 있었다. 두려움을 갖는 것만으로는 아무것도 해결되지 않았다. 그것을 알면서도 나는 무언가를 해치는 것에 점점 더 예민하게 굴고 있었다. 나는 그저 물끄러미 지초들을 바라보았다.

집에 돌아오니 겸오가 평상에 앉아 울고 있었다.

"무슨 일이야? 응?"

"형, 아버지에게 또 무슨 일이 생긴 것 같아. 나하고 가자고 하셨는데 내가 싫다고 하니까 정오를 억지로 데리고 가셨어. 정오가 너무 걱정돼. 아버지 때문에 나쁜 일에 휘말릴까 봐."

겸오는 마음이 약하지만 누구보다 심지가 곧은 아이였다. 아버지의 달콤한 말에 속을 아이도, 또 아버지의 옳지 못한 일을 도울 수도 없는 아이였다.

"도대체 무슨 일인데 그래? 아침까지 아무 일도 없었잖아."

나는 들썩이는 겸오의 어깨를 감쌌다.

"갑자기 어떤 아저씨들이 와서는 아버지를 끌고 갔어. 아버지가 돈을 많이 빌리셨는데 갚겠다고 자꾸 약속만 하고는 또 빌리고 빌리셨대. 그런데 그 사람들이 무서운 말을 했어. 약속을 지키지 못했으니 손모가지를 바쳐야 한다고….”

눈앞이 아찔했다. 아버지는 대체 무슨 일을 벌이고 다니는 걸까.

“아버지는 왜, 도대체 왜 그래? 왜 바르게 살지 않아?”

아버지가 올곧기를 누구보다 바라는 건 겸오였다. 하지만 아버지는 그런 마음과는 상관없이 하고 싶은 대로만 움직였고, 벌어진 일을 스스로 해결할 생각은 눈곱만큼도 하지 않았다.

그런 아버지에게 더없이 유용한 방패는 나였다. 노름빚을 지고, 돈을 갚지 않고, 서투른 행동거지로 남에게 피해를 줬을 때마다 아버지는 꼭 나를 앞세웠다. 피해를 입은 사람들 앞에 화상의 흉터가 가득한 내 얼굴을 보여 주는 방법은 언제나 아버지를 보호해 주곤 했다. 나는 내 의지와 상관없이 아버지가 저지른 잘못 때문에 얼굴을 보여야 했다. 내 모습은 사람들의 동정을 불러일으키기에 충분했다. 마음이 약한 사람은 더러 얼마의 말미를 더 주거나 빚을 깎아 주었다. 떡이나 곡식 등을 얹어 주는 사람도 있었다. 지난번 망태기에 든 독초 때문에 혜민원에 갈 때에도 아버지는 나를 데리고 갔다.

“이 불쌍한 자식 놈을 봐서라도 모자란 저를 이해해 주십시오. 제가 이 아이를 거둬 살리느라 마음만 급해 눈에 익지도 않은 독초를 약초로 착각해 그런 일을 저지르고 말았습니다. 제발, 제발 이 아이를 봐서라도 한 번만 용서해 주십시오.”

아버지를 불러들인 혜민원 관리는 짓무르고 곪아 가는 내 얼굴을 보고 놀란 기색을 감추지 못했다. 어린 시절 집에 불이 나 이리되었다는 아버지의 말에 나는 얼굴을 들 수 없었다. 내 아픔은 왜 누군가의 핑계가 되어야 하는 걸까. 나는 모욕을 온전히 혼자서 감당해야 했다. 아버지나 어머니를 위해서 하는 일이라지만, 이럴 때는 차라리 그 불이 내 목숨을 앗아 갔다면 더 좋았을 거라 생각했다.

아버지의 하소연에 관리가 넘어가 준 것은 막수 아저씨 덕분이었다. 혜민원을 나오자 아버지는 처벌을 피한 것이 기분 좋았는지 가벼운 발걸음으로 앞서 걸었다. 뒤따라온 막수 아저씨는 내 어깨를 천천히 쓰다듬으며 한숨을 쉬었다. 나는 나를 죽이려고 했던 사람과, 나를 살려 낸 사람 사이에 서 있었다. 아버지를 무작정 미워할 수도 없었고, 아저씨에게 무작정 고마워할 수도 없었다. 분노와 수치심, 연민과 동정이 나의 아픈 구석을 파고들었다.

"네가 있어 이 아비가 든든하다. 사람도 다 어딘가에 쓸모라는 것이 있으니 너무 낙담하지 말거라."

아버지가 뒤를 돌아보며 말했다. 막수 아저씨는 고개를 절레절레 흔들었고 나는 끝도 없이 곤두박질치는 마음을 붙잡아 낼 방법이 없었다.

훌쩍이는 겸오를 달래고 있는데 소식을 들은 어머니가 헐레벌

떡 집으로 뛰어 들어왔다.

"도대체 무슨 일이야? 빨래터에서 들었는데 네 아버지가 어떻게 되었다고?"

어머니의 두 눈에 초점이 흐려졌다. 겸오가 울다 지친 얼굴로 더듬거리며 말했다.

"아버지가 돈을 빌렸는데 갚지 모, 못하면, 아버지 손목을 바쳐야 한대요."

어머니는 겸오의 말이 채 끝나기도 전에 주저앉았다.

"이놈의 인간이 정말…."

어머니의 축 처진 어깨와, 마당에 나동그라진 짚신을 바라보았다. 저고리 등 뒤로 땀인지 물인지 모를 얼룩이 짙게 스며들어 있었다. 고단하고 고통스러운 삶…. 나에게 어떤 아픔을 주었는지와 상관없이 어머니가 불쌍하게 느껴지는 날이 있었다. 어려운 집안 형편과 어머니가 짊어져야 했을 삶의 무게를 이해하려 노력했던 적도 있었다.

"단오 너 당장 네 아버지한테 가 봐."

무수히 나를 무너뜨린 어머니일지라도. 어머니의 그 냉정한 눈빛 속에 내가 없다는 걸 빤히 알면서도.

"어이쿠, 한 번만 봐주십시오. 꼭, 꼭 돈을 갚겠습니다."

멀리서도 아버지가 곤경에 처한 것이 훤히 보였다. 아버지는 장정 서너 명에게 둘러싸인 채 무릎을 꿇고 있었다. 정오 역시 아버지 옆에 꿇어앉아 있었다. 정오의 얼굴에는 두려움이 깊게 드리워져 있었다. 아버지는 연신 이마를 조아리며 손바닥을 마주 대고 빌었다.

"이틀 전까지 갚기로 이미 약조하지 않았느냐. 갚지 않으면 어찌한다고 했지?"

왼쪽 눈에 안대를 찬 남자가 아버지 앞에 서 있었는데, 한눈에 봐도 보통 사람이 아닌 듯싶었다.

"한쪽 손목을 내게 바친다고 했지?"

애꾸눈 남자의 옆에 서 있던 남자 하나가 약초를 자를 때 쓰는 작두를 아버지 앞에 툭, 내려놓았다. 그걸 본 정오가 깜짝 놀라 몸을 떨며 울기 시작했고, 남자는 시끄럽다며 정오의 옆구리를 걷어찼다. 정오가 순식간에 옆으로 고꾸라졌다.

"아비라는 놈이 대단하기도 하다. 제 목숨 살리겠다고 어린 자식을 데리고 와 이런 구경을 시키는구나."

애꾸눈 남자가 껄껄 웃으며 작두 손잡이를 잡았다. 나는 아버지 옆으로 뛰어들며 외쳤다.

"가, 가, 갚겠습니다. 제, 제가. 꼭 갚겠습니다."

갑자기 나타난 나를 본 아버지 얼굴에 화색이 돌았다.

"어이쿠, 마침 이놈이 왔습니다. 제가 이놈 때문에, 이놈이 걸린 몹쓸 피부병 좀 고쳐 보려고 돈을 빌렸습니다. 좋다는 곳 다 데리고 다니고, 좋다는 약 다 사다 주느라….”

스스로 이 위험 속으로 뛰어든 나를 더없이 초라하게 만드는 말이었다. 수십 번 들어도 감당할 수 없는 말이었다. 하지만 여기엔 정오가 있었다. 이런 일을 당하는 건 나 하나로 충분했다. 어린 동생들까지 몹쓸 일에 밀어 넣고 싶진 않았다.

“부탁드립니다. 제 동생은 여기를 잠시 벗어나 있게 해 주세요. 아직 너무 어린 아이입니다.”

나는 최대한 공손하게 말했다. 애꾸눈 남자가 눈짓으로 지시를 내리자 정오는 마당 구석에 있는 곳간으로 옮겨졌다.

아버지는 내 손을 잡아끌어 무릎을 꿇게 했다. 이런 일은 도무지 괜찮아지지 않았다. 아무리 부모가 위기에 처했다고 해도, 보잘것없고 지저분한 일의 구실이 되는 것은 나에겐 손목이 잘리는 일보다 더한 고통이었다.

“제 아들을 봐서라도 조금만 더 말미를 주십시오. 제, 제가 설마 아픈 자식을 앞에 두고 거짓을 고하겠습니까.”

아버지는 내 아픈 곳이 어디인지, 왜 그곳이 아픈지 알기는 할까. 눈시울이 뜨거워졌다. 애꾸눈 남자가 내 쪽으로 성큼 다가와 내 턱을 잡고 고개를 들어 올렸다. 남자의 눈이 어둠 속에서 번득였다. 한쪽 눈으로도 나를 꿰뚫어 보는 것 같아 소름이 끼쳤다.

“좋다. 형편없는 네 아비를 데리고 그만 가거라.”

아버지가 그 말을 듣자마자 자리에서 벌떡 일어나 연거푸 고개를 조아렸다.

"대신! 조건이 있다."

남자가 나를 일으켜 세우며 말을 이어 나갔다.

"돈이 생기면 무조건 갚아야 한다. 또 돈을 언제 갚을지는 너와 내가 함께 정하게 될 것이다."

아버지가 내 목덜미를 쥐고 억지로 남자에게 고개를 숙이게 했다. 그 와중에도 나는 남자의 말을 이해할 수 없었다.

"돈이 생기는 일을 마다해서도 안 된다. 만약 조건을 거스른다면 오늘보다 더 큰 일이 벌어질 테니 그리 알아라."

아버지는 애꾸눈 남자가 하는 말이 끝나기가 무섭게 밖으로 줄행랑을 쳤다. 곳간에서 떨고 있는 정오도 잊은 듯했다. 마당에는 여전히 칼날이 시퍼런 작두가 입을 떡 벌리고 있었다. 애꾸눈 남자가 나를 보며 가라는 눈짓과 함께 손까지 흔들며 내게 인사를 건넸다. 도무지 속을 알 수 없는 한쪽 눈동자가 묘한 기운을 내뿜고 있었다. 나는 꺼림직한 마음에 그의 의도를 확인하고 싶었지만 행여 그가 마음을 바꿀까 싶어 서둘러 발걸음을 옮길 수밖에 없었다.

집에 돌아온 아버지는 방으로 들어가자마자 드러누웠다. 그러고는 금방 집 천장이 무너져라 코를 골았다. 어머니는 무사히 돌아온 나와 아버지를 보고도 아무 말 없이 빨래한 옷들을 정리했다. 겸오는 아버지에게서 가장 먼 자리에 누워 잠이 들었고, 정오는 걷어차인 옆구리가 아프다며 칭얼거리다 잠이 들었다. 집은 우리가 함께 머리를 맞대고 있기에 너무 좁았고, 마음을 맞대기에는 너무나 넓은 곳이었다. 나는 조용히 자리에서 일어났다. 어머니는 나를 힐끔 보고는 말 한마디 없이 콧방귀를 뀌었다. 어쩌면 고맙다는 말을 이런 식으로 표현하는 걸까 하는 생각에 이르렀을 때, 나는 그만 피식 웃고 말았다. 누군가 내게 조금이라도 이해하고 싶은 사람이 있느냐고 묻는다면 나는 주저 없이 어머니라고 말했을 것이다. 그런데 이제는 그런 노력이 무슨 의미인가 싶었다.

한낮의 열기는 늦은 밤이 되도록 가시지 않았고, 억눌린 내 마음의 열기는 그보다 뜨거워 나를 자꾸만 지치게 했다. 땀이 흘러 온몸이 끈적거리는 데다가 흉터는 아프기도 하고 가렵기도 해서 나의 진을 다 빼 놓았다. 답답한 마음을 해결할 방법은 어디에도 없었고, 어쩌면 영원히 없을 것 같다는 예감이 이미 내 발 앞에 도착해 있었다.

"형, 뭐 해?"

생각에 잠긴 것도 잠시, 겸오가 밖으로 나와 내 옆에 앉았다.

"자고 있었던 거 아니야?"

힘없이 고개를 젓는 겸오의 두 눈이 벌겋게 부어 있었다.

"도대체 얼마나 운 거야? 내가 알아서 잘하고 올 텐데 뭐하러 그런 걱정을 해."

내 말에 겸오가 굵은 눈물을 툭툭 떨어트렸다.

"아버지, 어머니는 형에게 사과해야 해. 미안하다고 말하고 또 말해야 해. 형이 괜찮다고 할 때까지 해야 해."

겸오가 작은 주먹을 꼭 말아 쥐었다. 겸오는 나를 대신해서 울어 주고 분노하고 있었다. 겸오는 내가 어머니에게 핀잔을 들을 때면 나를 옹호해 주었고, 가끔은 제가 나서서 잘못을 뒤집어쓸 때도 있었다. 내 존재가 어린 동생에게마저 불편한 것이라는 생각이 들 때면 이제 나는 무엇을 어떻게 해야 하는지 막막해졌다. 돌파구가 있다면 불길 속에라도 뛰어들고 싶었다.

애꾸눈 남자의 정체

아버지는 큰 빚을 지고도 매일 방 안에 드러누워 시간만 보냈
다. 어머니는 매일 새벽 자신의 몸집보다 큰 빨랫감을 이고 나갔
지만 우리 다섯 식구 입에 풀칠하기도 어려웠다. 어머니는 이미
모든 것을 포기한 것인지 아버지를 윽박지르지도 않았다.

나는 매 순간 애꾸눈 남자가 한 말을 떠올렸고 빚을 갚을 방법
을 찾아야 했다. 그가 지금 당장 돈을 갚으라고 한다면 나는 반
드시 그렇게 해야 했다. 그가 제시한 조건이 협박처럼 느껴졌다.
그러다 일을 배워서 먹고살 궁리를 하라던 영초의 조언이 생각나
본격적으로 영초와 약초를 캐러 나가기로 했다. 책임감 때문이
아니라 뭐라도 하지 않으면 곤두박질치는 마음을 어쩔 수 없었기
때문이었다.

지초 뿌리를 건드리는 일은 여전히 꺼려졌지만 그렇게라도 캐

는 법을 깨쳐 가야 한다는 영초의 말에 용기를 내 보기로 했다. 처음 뿌리에 손을 댔을 때 영초는 떨리는 내 손을 꼭 잡아 주었다. 우리는 머리를 맞대고 엉킨 뿌리를 조심스럽게 살살 풀어냈다. 그렇게 하다 보니 시간이 배로 걸렸지만, 옆자리 지초에게 피해를 덜 주었다는 걸 생각하면 마음이 훨씬 가벼워지곤 했다.

"이제 조금 더 열심히 하면 네가 나보다 더 좋은 약초꾼이 될 것 같아."

영초의 칭찬에 마음이 뿌듯했다. 게다가 오늘은 지초를 망태기 안에 여섯 뿌리나 담을 수 있었다. 영초는 오늘의 수확을 나보다 더 기뻐했다.

"근데 요즘 왜 이렇게 열심히 해? 사실 네가 약초 캐는 데에 별 관심이 없어 보였거든."

영초에게 더 이상 초라한 모습을 보이고 싶지 않았지만, 내 이런 모습을 온전히 보여 줄 곳 또한 영초밖에 없었다.

"돈이 필요해. 아버지가 또 빚을 지셨거든."

영초의 얼굴이 굳어졌다.

"내가 아버지께 부탁드려 볼게. 네가 캔 것들을 분명 사 주실…."

"아니야. 그건 내가 싫어."

막수 아저씨의 도움을 받고 싶지 않았다. 내 목숨을 구해 준 사람이었지만 내가 숨기고 싶은 모든 것들을 알고 있는 사람 또한 아저씨였다. 더는 비참한 모습을 보이고 싶지 않았다.

"영목이 형이 알면 또 나를 못 잡아먹어 안달일 거야."

영목이 형 핑계를 대자, 영초가 그제야 고개를 끄덕였다.

"그래도 아버지 도움을 받으면 좋을 텐데."

영초가 하는 말을 모른 척하며 나는 앞장서 산에서 내려왔다. 머릿속은 온통 이 지초 뿌리를 어떻게 써야 할지에 대한 고민뿐이었다. 내가 장사 같은 것에 소질이 있을 리 없고, 사람들 앞에 나서는 일도 나에겐 불가능에 가까웠다. 그렇지만 어느 때보다도 절박한 상황이었다. 그때였다.

"그 망태기 안에 무엇이 들었소?"

한 남자가 커다란 바위 아래에 쪼그려 앉아 나를 올려다보며 물었다.

"내가 긴히 필요한 것이 있어 산에 오르려는데 오늘 영 일진이 사나워 산에 가는 것을 망설이고 있던 참이었소. 그 안에 든 것이 무엇이오?"

내가 대답을 미루자 남자가 재차 물었다.

"지초 뿌리입니다."

영초의 대답에 남자가 무릎을 탁 쳤다.

"옳거니! 그 지초를 나에게 좀 파시오."

갑작스러운 제안에 나와 영초는 그저 어리둥절할 뿐이었다.

"내 돈은 섭섭지 않게 쳐줄 테니. 어디 일단 좀 꺼내 보시오."

영초는 돈을 준다는 말에 내 의견은 묻지도 않고 망태기에서 지초 뿌리를 꺼냈다.

"품질이 좋은 것입니다. 이 아이가 성심껏 캐낸 것이니 한번 보세요."

영초가 잠자코 있는 내 옆구리를 쿡 찔렀다. 뭐라도 말을 보태라는 의미였다.

"모, 모두 여, 여섯 개입니다."

나는 망태기 안에서 남은 다섯 개를 꺼내 바위 위에 늘어놓았다. 남자가 지초를 살피는가 싶더니 나를 위아래로 한 번 훑었다. 나는 내 얼굴에 난 흉터 때문인가 싶었지만 나를 흘깃 보는 그의 눈빛이 묘하게 낯설지 않았다.

"좋아. 이걸 내가 다 사지. 어디 보자. 이만큼 쳐주면 되겠소?"

남자가 보따리에서 면포를 꺼냈다. 언뜻 봐도 많은 양이었다.

"약초를 캐서 파는 일을 업으로 할 요량이오? 그렇다면 송현 나루터에 나가 한번 팔아 보는 것이 어떻소? 이 정도의 지초라면 분명 사겠다는 사람이 있을 터인데."

남자는 지초를 자신의 망태기에 담으며 넌지시 말을 흘렸다.

"송현 나루터요? 거기는 어떤 상단이 상권을 모두 장악하고 있다고 들었는데요."

영초가 되묻는 말에 남자가 피식 웃었다.

"누가 그런 소리를. 잘못 알아도 한참 잘못 알고 있네. 요즘은 새로운 상인들도 많이 들어와 열심히 장사를 하고 있다오. 도성

안의 돈이란 돈은 그곳 장사치들이 다 끌어모으고 있지."

남자는 내 어깨를 툭툭 치고는 그 길로 비탈길을 내려갔다. 나는 남자가 준 면포를 쥐어 보았다. 한 번도 만져 본 적 없는 큰돈이었다.

"이상하다. 아버지가 송현 나루터는 청파네 상단이 장악하고 있다고 하셨는데."

영초는 남자의 말을 계속 곱씹었다.

"청파? 그게 누군데?"

"아버지랑 악연이기도 하고, 군부인 마마의 가문을 몰락시키는 데에 자금을 댔다고 들었어. 왕위 찬탈 세력과도 연결되어 있다던데."

"상단에서 그런 일도 해?"

"그럼. 원래 권력은 돈과 가장 가까운 사이라고 우리 아버지가…."

산을 내려가던 남자가 뒤를 돌아보았다. 영초는 자신의 목소리가 커진 것을 알아채고는 입을 다물었다. 영초가 내 팔을 붙잡고 남자가 내려가는 길과 반대 방향으로 나를 잡아끌었다.

"막수 아저씨랑 청파는 왜 악연이야?"

"나도 자세한 내막은 모르지만 아마 서로의 생각이 너무 달라서일 거야. 아버지는 왕권 복위를 도모하는 사람들의 편이었으니까."

아버지는 막수 아저씨가 나랏일을 하는 높은 사람들에게 붙어 뒤치다꺼리나 하면서 대단한 일을 하는 양 뻐긴다고 했다.

"아무튼 청파 상단하고 엮여서 좋을 일은 없으니까 너도 잘 알아 둬. 청파라는 그 두목도 악랄하지만 그 상단과 관련된 사람들 모두가 무서운 사람들이라고 아버지가 그랬어."

나는 뒤를 돌아보았다. 지초를 산 남자가 저 멀리서 우리를 바라보고 있었다. 내가 쳐다보고 있다는 걸 느꼈는지 그가 손을 흔들었다. 머릿속에서 남자가 내게 해 준 말을 되뇌었다. 나루터에 가면 지초를 사겠다는 사람이 있을 거라는 말, 그리고 돈을 많이 벌 수 있을 거라는 말. 나에겐 꼭 갚아야 할 빚이 있었다. 아버지의 일을 왜 내가 해결해야 하는지 따지는 것도 지금은 사치였다. 아버지뿐 아니라 어린 동생들에게까지 화가 미칠까 봐 두려웠다.

앞서 걷는 영초가 내딛는 왼쪽, 오른쪽 발을 따라 자꾸만 두 가지 생각이 머릿속을 맴돌았다.

'송현 나루터에서 지초를 팔 수 있다. 거기서 돈을 벌 수 있다.'

왕권 복위, 왕위 찬탈, 청파, 군부인, 노산군, 그 외에 복잡한 정치적 셈법들. 그런 것들은 지금 내게 아무런 상관이 없었다.

한동안 나는 이른 새벽에 일어나 홀로 산에 올랐다. 이제는 산을 타고 지초를 캐내는 일이 영초의 도움 없이도 익숙한 일이 되었다. 나는 산속의 다른 것들에게는 눈길도 주지 않고 미리 점찍어 둔 지초 군락지로 향했다. 내 키만 한 억센 풀 줄기에 얼굴, 목, 팔을 할퀴고 뜨거운 햇빛에 얼굴의 흉터가 달아올라 짓물렀지만 그런 것에 신경 쓸 겨를이 없었다. 오늘은 무슨 일이 있어도 지초 뿌리를 가지고 송현 나루터에 가 보기로 마음을 굳게 먹고 나온 길이었다.

지초가 자라려면 앞쪽이 틔어 있어 아침 햇살을 충분히 받을 수 있고, 오후에는 뜨거운 햇살을 적게 받는 곳이 좋다고 했다. 하나의 조건만 고집하지 않는 지초의 변덕이 좋았다. 조심스럽게 쪼그리고 앉아 지초 줄기를 잡았다. 기다랗기도 하고 동그랗기도 한 잎사귀에는 솜털이 나 있는데, 꼭 동생들 귓바퀴에 난 것처럼 보드라웠다.

"조심해서, 살살, 다치지 않게."

잔뿌리가 많기도 했지만 이웃해 있는 다른 지초 줄기와 뿌리가 뒤엉켜 있어 흠을 내지 않고 뿌리를 캐내는 일이 쉽지 않았다. 잔 뿌리를 하나하나 풀어 가며 온전히 하나의 뿌리를 캐내는 일은 어느새 나에게 즐거운 일이 되어 있었다. 이걸 하는 동안에는 골치 아픈 일을 잊을 수 있었고, 아무 쓸모도 없을 줄 알았던 내가 뭔가를 제대로 해냈다는 점도 좋았다. 한참을 땀 흘린 덕분에 망태기 하나를 꽉 채울 만큼 많은 지초가 담겼다. 뿌리 몇 개가 조금 상하긴 했지만 그런 건 조금 더 싸게 팔면 될 일이었다. 서둘러 산을 내려왔다. 갈림길이 나왔다. 한쪽은 송현 나루터로 향하는 길이었고 다른 한쪽은 집으로 가는 길이었다. 사람들 앞에 나를 드러내고 지초 뿌리를 팔 생각을 하면 금방 낯이 뜨거워졌다. 하지만 집에 가도 내 낯이 뜨거워지는 일들은 널려 있었다. 고민할 때가 아니었다. 게다가 이제 아버지의 빚뿐만 아니라 어떤 기대감이 나를 송현 나루터 쪽으로 떠밀고 있었다.

송현 나루터는 도성에서 가장 분주한 곳으로 유명했다. 짐꾼들이 시간 맞춰 떠나는 나룻배에 물건을 싣느라 바삐 움직였고, 여기저기서 닭 우는 소리, 개 짖는 소리, 어린아이들이 빽빽 우는 소리, 물건값을 흥정하는 소리로 정신이 쏙 빠질 지경이었다. 명나라에서 왔다는 유명한 약초나 약품을 파는 상인도 있었고, 명나라 말도 간간이 들렸다.

나는 사람들 틈에서 이리저리 휩쓸리며 그저 정신만 똑바로 차리려 안간힘을 썼다. 망태기 안에 지초가 모두 몇 뿌리인지, 무슨 말로 손님을 맞이할지 등 산에서 내려오며 생각했던 것들이 머릿속에서 하얗게 지워졌다. 그저 마음만 가지고 되는 일은 없다는 것을 또 실감할 뿐이었다.

장사치들이 많이 모여 있는 곳에서 조금 떨어진 쪽에 자리로 쓸 만한 곳이 보였다. 나는 망태기에서 지초 뿌리를 꺼내 바닥에 살며시 늘어놓았다. 바닥에 깔 만한 천이라도 있으면 좋았겠다 싶었다. 이제 손님을 불러 모아야 했다. 하지만 입도, 손도 움직이지 않았다. 쭈뼛거리며 주변 눈치만 보고 있는데 한 아주머니가 내 앞으로 다가왔다.

"이봐요. 지초 뿌리가 피부 염증에 그렇게 좋다는데 맞아요?"

순간 영초에게 비슷한 말을 들었던 터라, 대꾸를 해 주려는데 아주머니가 내 얼굴을 보고는 난처한 표정을 지으며 가 버렸다.

"피부 염증 고치는 데 좋다는 걸 파는 얼굴이 저 꼴이니 그걸 누가 사?"

근처에 있던 장사꾼 몇몇이 내 쪽으로 다가왔다.

"풋내기가 풋내기인 티를 내네."

하얀 턱수염을 가진 남자가 비꼬는 듯 말했지만 그 말에 틀린 것은 없었다. 게다가 누군가 시비조로 말을 걸어왔다.

"여기서 누가 허락도 없이 장사를 하라고 했어? 당장 썩 꺼지지 못해?"

이대로 돌아갈 수는 없었다. 뭐라도 해야 했다. 떨어지지 않는 입술을 꼭 깨물고 있는데 내 옆으로 누군가 다가왔다.

"이 지초는 네가 구한 것이냐?"

아버지가 잡혀간 곳에서 만났던 애꾸눈 남자였다. 그는 나를 보고는 씩 미소를 지었다. 등 뒤로 소름이 돋았다. 나를 놀리던 장사치들이 눈치를 살피며 입을 꼭 다물었다.

"아비가 진 빚을 갚으러 나왔느냐?"

애꾸눈의 남자가 지초 뿌리를 들고 이리저리 살펴보았다.

"제법 상태가 좋구나. 지초 뿌리는 약으로 쓰이지만 염색을 할 때도 쓰인다는 걸 알고 있겠지?"

나를 빤히 바라보는 그의 눈빛에 압도되어 나는 좀처럼 입이 떨어지지 않았다.

"내가 질문을 세 개나 하는 동안 너는 한 번도 대답을 하지 않았다."

그는 나를 시험하고 있었다. 위압감을 느꼈지만 싫지 않았다. 처음 느껴 보는 감정이었다.

"예, 제, 제가 구한 것이 마, 맞습니다."

그가 내 대답을 듣고는 안대 위의 왼쪽 눈썹을 치켜올렸다.

"나머지 대답도 해 보아라."

식은땀이 났다. 눈을 질끈 감고 그가 했던 나머지 두 개의 질문을 떠올렸다.

"비, 빚을 갚으려면 도, 돈이 필요하니까요. 그, 그리고 지초는 약으로 쓰이고 여, 염색에도 쓰이니 여러모로 쓰, 쓸모가 많은 것 같아서…"

나는 내 대답이 혹시나 그의 심기를 거스를까 싶어 자꾸만 눈치를 보게 됐다.

"끝까지 제대로 말해 보거라."

"예? 예. 많은 것 같아서 가, 가져왔습니다."

그가 나를 빤히 쳐다봤다.

"방금 간 여인이 지초 뿌리가 피부 염증에 좋냐고 묻더니 너의 얼굴을 본 후 돌아섰다. 만약 네가 간절히 돈을 벌고자 했다면 너는 어떻게든 첫 번째로 온 손님을 그냥 가게 놔두어선 안 되었다. 내가 너였다면 나는 저 여인의 차림새를 눈여겨보았을 것이다. 깔끔하게 단장했고, 팔에 두른 쓰개치마는 곱게 염색된 것이었다. 지초 뿌리로 염색한 옷의 태가 아름답다고 했다면 그 여인은 네 물건을 샀을 수도 있다. 어떤 상황에서든 내가 해야 할 말을 분명히 하는 것이 중요하다. 너는 여러모로 안타까운 점이 많지만 그렇기에 좋아질 가능성도 많다는 것을 꼭 기억해라."

뾰족하고도 날카로운 그의 말이 내 마음속 여기저기에 균열을 일으켰다. 듣기 불편했지만 그의 말은 언젠가 꼭 깨어졌어야 할 나의 나약함을 깨트렸다. 게다가 아버지가 큰 빚을 진 상대가 내게 무슨 좋은 감정이 있다고 이런 말을 해 줄까 생각하니 그 말이 더 진심으로 여겨졌다.

"이 지초를 다 나에게 팔아라."

뜻밖의 제안에 나는 고개를 번쩍 들었다.

"모두 얼마에 팔겠느냐?"

지초를 얼마에 팔지는 정하지 못했다. 장사를 하러 나오면서도 팔 수 있을 거라 생각하지 않았기 때문이다. 비가 내릴 걸 뻔히 알면서 아무런 준비도 하지 않은 것, 그래 놓고 내 처지를 탓하는 것, 부모님이 내게 그 어떤 죄책감도 없는 걸 알면서 그들의 애정을 바라는 것, 누군가를 좋아하면서 나 같은 게 품으면 안 될 감정이라며 애써 외면하는 것. 나는 이런 내가 못마땅하면서도 나를 버려두는 사람 중의 하나였다.

"대답을 하거라."

하지만 그는 이런 나의 갈등과 상관없이 내게 한 가지 대답만을 요구하고 있었다.

"그, 그게…."

"가격을 정하지 못했느냐?"

대답할 수 없었다.

"이 모두를 면포 열 필에 사겠다. 되겠느냐?"

그의 말에 옆에서 귀를 쫑긋 세우고 있던 장사치들이 웅성거렸다. 하얀 턱수염이 못 참겠다는 듯 내 옆구리를 쿡쿡 찔렀다.

"어서, 어서 그렇게 하겠다고 해."

애꾸눈 남자는 한쪽 눈으로 골똘히 나를 보고 있었다.

"예, 예. 그렇게 하, 하겠… 스, 습니다."

가까스로 답을 내뱉었다.

"한 번 더 정확하게 대답해 보거라. 그러면 스무 필에 사겠다."

면포 스무 필. 무려 쌀을 넉 섬이나 살 수 있는 돈이었다.

"예, 그렇게 하겠습니다."

내 대답에 그가 처음으로 흡족한 미소를 지었다. 나는 지초 뿌리 하나하나를 정성껏 포개서 노끈으로 묶었다. 애꾸눈 남자가 저 뒤에 서 있는 사람을 부르자 그가 다가왔다. 지난번 산에서 만나 내게 지초를 샀던 남자였다.

"호동아, 이제 이 아이가 여기서 장사를 할 수 있게 자리를 마련해 주거라."

호동이란 남자는 하얀 턱수염이 약초를 올려놓은 천을 끄집어당겼다. 자신의 약초가 흙바닥에 구르는 모습을 본 하얀 턱수염의 얼굴도 흙빛이 되었다.

"앞으로 이 자리가 네 자리다."

나는 애먼 누군가의 자리를 가로챈 것 같아 마음이 불편했지만, 하얀 턱수염은 아무 대꾸도 하지 못하고 자리에서 물러났다.

"장사를 하다가 불편한 점이 생기면, 특히 여기 장사꾼들이 텃세를 부리면 호동이에게 이야기하거라. 바로 해결해 줄 것이다."

애꾸눈 남자가 내 어깨를 토닥이며 말했다. 나는 호동이라는 남자를 슬쩍 쳐다보았다. 그가 씩 웃을 때 아래로 처지는 눈매가 어쩐지 낯설지 않았다.

"그럼 또 보자."

애꾸눈 남자는 도포 자락을 휘날리며 장사꾼들 사이를 빠져나갔다. 그는 지난번에도 내게 또 보자는 말을 했었다. 그의 말대로 이루어진 셈이다. 아버지는 그에게 큰 빚을 졌는데, 그는 내 지초를 비싼 가격에 사 주었다.

"돈이 생기면 반드시 갚아야 한다."

그가 내게 한 말이었다. 아버지를 곤경에 빠트리고, 왜 나에게 도움을 주는 것일까?

"이봐. 풋내기! 그렇게 안 봤는데 인맥이 대단하다 못해 용하다."

하얀 턱수염이 내 어깨를 툭 치며 말했다. 주변 장사치들도 나를 보며 수군거렸다. 나는 이들의 반응이 왜 이런지 그게 더 궁금했다.

"청파가 저렇게 환하게 웃는 거 본 적 있는 사람?"

누군가의 말에 다들 손사래를 쳤다.

"청파요? 누가요?"

내 질문에 모두 어이없다는 듯 웃었다.

"보잘것없는 네 지초를 면포 스무 필에 사 간 사람이 청파지, 누가 청파야."

영초가 조심하라고 일렀던 청파가 바로 그 애꾸눈 남자였다니. 전혀 예상치 못한 일이었다.

"이놈이 진짜 아무것도 모르네. 너 같은 게 단번에 이런 명당을 꿰차는 것이 말이 된다고 생각했냐? 거기다 네 지초는 볼품도 없었는데, 면포 스무 필이라니. 허허허."

하얀 턱수염이 침을 팍팍 튀기며 설명했다. 솔직히 그의 말은 귓가에 잘 들리지 않았다. 내 머릿속은 청파가 왜 나에게 이런 호의를 베푸는지에 대한 의문으로만 가득했다.

"이제 너는 돈을 버는 일이 쉬워서 좋겠다. 이거 원, 풋내기한테 줄을 서야 하는 거 아닌가 몰라."

누군가 농으로 한 말에 다들 씁쓸하다는 듯 웃으며 자리를 떴다. 내 품에는 면포가 스무 필이나 안겨 있었다. 얼떨떨하면서도 마음이 들떴다. 계속 이 자리에서 지초를 가져다 팔면 곧 빚을 다 갚을 수 있을 것만 같았다.

"청파 상단 사람들은 모두 무서운 사람들이랬어."

누구의 말을 믿어야 할까를 고민하는 것도 잠시, 나는 이 일을 영초에게는 비밀로 하기로 마음먹었다. 지초가 염색재가 되기도 하고, 약재가 되기도 하는 것처럼 어떤 사람도 누군가에게는 무서운 사람, 누군가에게는 좋은 사람이지 않을까? 이 상황이 오히려 나에게 다행이란 생각마저 들었다.

집에 돌아왔을 땐 그리 늦은 시간도 아니건만 방에 불이 꺼져 있었다. 굳이 알려고 하지 않아도 집안 분위기가 무겁게 가라앉아 있다는 걸 알 수 있었다. 인기척을 들은 정오가 방문을 열고 뛰쳐나와 내게 와락 안겼다.

"형, 왜 이제 와. 형이 도망간 줄 알았어."

평소 정오는 어머니, 아버지에게는 투정을 부려도 내게는 그러는 일이 거의 없었다. 겸오가 내게 더 의지하기 때문에 저는 저대로 부모님을 더 의지했다. 정오는 그 어린 마음에도 내가 내 처지만으로 버거운 사람이라는 걸 알고 있었다. 그런 정오가 눈물을 펑펑 쏟으며 내 품에 파고들었다.

"정오가 형이 아버지 때문에 도망갔다고 그랬어. 새벽에 형이 망태기를 들고 나가는 걸 봤대."

얼굴이 퉁퉁 부어 있는 건 겸오도 마찬가지였다. 순진한 녀석이 정오의 말을 곧이곧대로 믿었을 것이 뻔했다. 두 동생을 바라보는 내 마음이 끝도 없이 무거워졌다.

"나쁜 아저씨들이 돈을 꼭 갚아야 한다고 형을 윽박질렀어. 잘못은 아버지가 했는데 왜 형이 괴롭힘을 당해? 내가 왜 그 아저씨들한테 발길질을 당해야 해?"

정오가 울면서 내뱉는 말 중에 내가 주워 줄 수 있는 것은 하나도 없었다.

"형이 도망가면 나랑 겸오 형은 어떻게 살아! 허헉… 허… 허헉."

정오는 가빠지는 숨을 어쩌지 못하고 발발 떨다 그만 바닥으로 고꾸라졌다. 어머니가 한달음에 달려와 정오의 뺨을 찰싹찰싹 내리쳤다. 정오보다 훨씬 더 어렸던 나를 불길 속에 버려뒀던 어머니는 정오를 살리기 위해 소리를 지르고 늘어진 몸을 흔들어 깨웠다. 그 덕분인지 정오는 받은 숨을 몰아쉬었다.

"형, 우리 놔두고 어디 안 갈 거지?"

겸오가 다가와 내 손을 꼭 잡았다. 겸오는 내게 눈물을 보이지 않으려 꾹 참는 듯했지만 북받치는 슬픔은 겸오의 작은 몸을 흔들고 있었다. 겸오를 안심시켜 주고 싶었지만 저 발끝에서 밀려오는 무언가가 내 숨통을 죄어 오고 있었다. 나는 한 번도 누군가에게 기댈 수가 없었는데, 내가 겸오에게 기댈 곳이라는 게… 그렇다는 게 왜… 왜 이런 마음인지….

"너는 이른 새벽부터 어딜 쏘다니다 이제 들어오는 거야? 동생들까지 걱정시키려고 작정을 한 거야?"

헝클어진 머리카락을 쓸어 올리며 어머니가 퉁명스럽게 물었다. 나는 청파에게 받은 면포 스무 필을 어머니 앞에 놓았다.

"형, 그게 뭐야?"

겸오가 눈물이 채 가시지 않은 얼굴을 하고 물었다.

"돈."

겸오의 눈이 동그래졌다. 방 안에서 잠자코 있던 아버지가 '돈'이라는 말에 마당으로 뛰쳐나왔다. 어머니도 흠칫 놀라며 눈앞에 놓인 면포를 바라봤다. 나는 더 하고 싶은 말이 없어 방 안으로 들어갔다. 겸오가 따라 들어와 내 옆에 꼭 붙어 앉았다.

"형이 정말 도망간 걸까 봐 너무 무서웠어. 정말 도망가야 된다면 나도 꼭 데리고 가."

또 눈가에 눈물이 차올랐다. 나를 의지하는 겸오가 안쓰러우면서도 겸오에게는 내가 한 번도 가져 본 적 없는, 마음을 기댈 누군가가 있다는 것이 부럽기도 했다. 나는 겸오의 얼굴을 쓰다듬으며 속삭였다.

"괜찮아. 다 괜찮아질 거야."

이상했다. 내내 청파가 머릿속에서 떠나지 않았다.

다음 날 저녁, 어머니가 닭 한 마리를 삶았다. 아버지는 모처럼 푸짐한 밥상을 보자 온종일 누워 있던 몸을 일으키며 입맛을 다셨고, 동생들은 기대에 찬 표정을 하고도 눈치를 보느라 밥상에서 두 발짝 떨어져 앉아 있었다. 참지 못한 정오가 닭 다리에 손을 대자 어머니가 정오의 손등을 찰싹 내리쳤다. 어머니는 닭 다리 하나를 북 찢어 내 앞에 놓았다. 윤기가 자르르 흐르는 닭 다리를 보자 허기가 일었다. 하지만 머리와 몸은 따로 노는지 손을 댈 수 없었다. 어머니에게 늘 애정을 바랐으면서도 막상 챙겨 주니 이토록 어색하고 불편할 수가 없었다.

"형 먼저 먹어야 동생들이 먹지."

어머니는 내게 하는 말을 다른 쪽을 보며 말했다. 어머니가 내 얼굴을 제대로 본 적이 언제였을까. 내게 손길 한 번 내민 적은 또 언제였던가. 기억을 찾을 수가 없기에 내 앞에 놓인 닭 다리가 거짓말처럼 느껴졌다. 내 망설임이 길어지는 것을 어머니도 느끼고 있었다.

"돈 가지고 온 유세라도 하고 싶은 거냐?"

어머니의 퉁명스러운 말에 아버지가 나섰다.

"기특한 애한테 웬 퉁명이야? 잠자코 얼른 먹기나 하자고."

아버지가 나머지 한쪽 다리를 뜯었다. 정오도 상 앞으로 달려들었고, 겸오는 내 눈치를 봤다. 어머니는 한숨을 내쉬고는 자리를 떴다. 어머니가 내 앞에 놓아 준 닭 다리가 금방 윤기를 잃고 차갑게 식어 가고 있었다.

아버지와 동생들이 맛있게 백숙을 먹는 것을 지켜보다 살며시 자리에서 일어섰다. 배가 고팠지만 마음의 허기에 비하면 아무것도 아니었다. 배에서 꼬르륵 소리가 요동을 치자 신물이 올라왔다. 뒷간에 가려고 모퉁이를 돌다 황급히 발길을 멈췄다. 뒷간 담벼락 아래에 난 작은 텃밭에 어머니가 쪼그려 앉아 있었다. 어머니가 텃밭에 물을 주었는지 흙은 촉촉하게 젖어 있었고, 발치에 어린싹들이 자라 있었다. 어머니는 몸을 더 작게 구부려 그 새싹들을 조심스럽게 쓰다듬더니 손등으로 눈가를 훔쳤다. 훌쩍이는 소리가 들릴 듯 말 듯 했다. 나는 모퉁이에 몸을 숨기고 숨을 죽였다.

잠시 후 어머니는 부엌 쪽으로 걸어갔고 나는 어머니가 앉아 있던 자리로 갔다. 어머니처럼 몸을 작게 구부리고 앉아 새싹들을 살펴보았다. 겸오랑 내가 키우려고 했던 홍화 새싹이었다. 그깟 걸 뭘 그리 정성 들여 키우냐며 핀잔을 준 건 어머니였다. 홍화 씨앗이 썩어 내가 속상해했다는 겸오의 말에, 정작 썩어 가는 건 어머니 자신의 마음이라며 가슴을 치던 어머니였다. 그런데

왜, 어머니는 여기에 홍화 씨앗을 심은 걸까? 나는 새싹을 쓰다
듬으며 답을 구하고자 했다. 하지만 여린 새싹들은 나에게 그 답
을 알려 줄 수 없다는 듯 시치미를 뚝 떼고 있었다.

어려운 질문들

나는 이틀은 지초를 캐러 산에 올랐고, 그다음 이틀은 송현 나루터에 나가 지초를 팔았다. 청파가 마련해 준 자리는 내가 올 때까지 늘 비어 있었고, 주변 상인들은 나를 보며 수군댔다. 어떤 이들은 청파를 뒷배로 두고 있다며 나를 대단히 여기기도 했다. 살면서 한 번도 받아 보지 못한 관심이 싫지 않았다. 내가 조금은 대단한 사람처럼 느껴졌다.

"오늘은 더 괜찮은 지초를 가져왔구나."

지초 뿌리를 더 보기 좋게 다듬고 있는데 청파가 내 앞에 와 있었다. 다시 올 거란 생각을 하지 못했던 터라 가슴이 두근거렸다. 하지만 청파는 평온한 얼굴로 뒷짐을 지고 서서 지초를 훑어보았다.

"오늘은 얼마에 팔겠느냐?"

그가 왜 내 지초를 사려고 하는지 알 수 없지만, 어쩌면 그가 나에게 기회를 주기 위해서 일부러 조건을 걸었던 것은 아니었을까 싶었다. 그렇다면 나는 이 기회를 놓치지 않도록 담담하게 말해야 했다.

"두 뿌리에 면포 한 필입니다."

"지난번에 내가 가져간 지초 뿌리가 모두 스무 개인데, 너는 그것을 면포 스무 필에 팔았다. 그런데 오늘은 두 뿌리에 한 필이라고?"

생각지 못한 질문이었다. 내가 그 돈을 받은 건 어디까지나 그의 결정이었다.

"그, 그건 나리께서 그, 그만큼 쳐주겠다고 하셨기에…."

청파는 한쪽 눈으로 한 치의 흐트러짐 없이 나를 보고 있었다. 그가 내게 원하는 걸 나도 똑똑히 알고 있었다.

"제가 받겠다고 한 것이 아니라, 나리께서 주신 것입니다."

청파의 표정에는 변화가 없었다.

"하지만 나리께서 가져가신 지초가 그 값을 했다면 이번에도 그때와 같은 값을 받겠습니다."

태연하게 말하면서도 등 뒤가 서늘했다.

"이거야말로 엿장수 마음 아니냐? 누군가에겐 한 필을 받고, 누군가에겐 두 필을 받는다면 누가 그 장사치를 신뢰할 수 있겠느냐?"

청파는 나를 시험하고 있었다.

"원치 않으시면 다른 곳에서 사시면 됩니다."

살면서 한 번도 뱉어 본 적 없는 말이었다. 내가 이런 말을 할 줄 안다는 게 놀랍기도 했지만, 두려워해야 할 사람 앞에서 강단 있는 말이 나온 것이 더더욱 놀라웠다. 내가 아닌 것 같았지만 원래 내 모습보다 훨씬 더 마음에 들었다.

"좋다. 전부 서른 필에 사겠다."

우리 둘의 대화에 귀 기울이고 있던 주변 상인들이 탄성을 질렀다.

"전부 팔 수는 없습니다. 절반만 팔겠습니다."

"이유가 무엇이냐?"

"이 지초를 나리 외에 다른 사람에게도 팔고 싶으니까요. 제 지초를 한 사람이 독차지하는 것은 원치 않습니다. 제 지초가 널리 소문이 나야 제게도 더 좋은 것이니까요."

청파가 목청을 한껏 드러내고 껄껄 웃었다. 하얀 턱수염은 내가 며칠 만에 풋내기 티를 벗었다면서 호들갑을 떨었다. 주변 사람 모두가 나를 대단하다는 듯 추켜세웠다. 청파의 의도가 무엇이었는지 확신할 수 있었다. 어두운 귀퉁이에 쑤셔 박혀 그저 얼굴을 드러내는 것조차 고통스러워했던 나는 지금 여기에 없었다. 긴장감으로 가슴이 쿵쾅거렸지만, 내가 살아 있다는 것을 온몸에 새겨 넣는 순간이었다. 썩어 버린 씨앗이 다시 살아났다는 환상을 믿지 않지만, 내 눈앞에 그 일이 펼쳐져 있었다.

"좋다. 절반을 서른 필에 가져가겠다."

청파가 마지막 운을 띄웠다.

"예. 나리. 운이 좋으셨습니다."

청파가 호탕하게 웃으며 면포를 꺼냈다. 주변을 서성이던 사람들이 내 앞으로 모여들었다. 이 지초가 그리 좋은 것이냐며 서로 묻기 바빴다. 내 앞에 모여든 사람들은 내 얼굴에 새겨진 상처 같은 건 아무 상관도 하지 않았다. 나는 들뜬 기분을 어찌할 수 없었다.

오랜만에 영초를 다시 만난 건 도성 외곽에 자리한 작은 장터 앞이었다. 일찌감치 지초를 다 팔아 치우고 집으로 돌아가는 길에 동생들에게 줄 주전부리를 사러 들른 참이었다. 영초는 뭐가 급한지 종종걸음으로 뛰어가다 나를 보고는 반가운 기색을 감추지 못했다.

"마침 잘 만났다. 나랑 같이 가."

영초는 내 대답 같은 건 듣지도 않고 나를 끌고 갔다.

"요즘 왜 이렇게 얼굴 보기 힘들어? 집에 가도 항상 없던데."

영초에게 괜한 걱정을 만들어 주고 싶지 않았다. 게다가 내가 청파와 엮여 있다는 이야기는 더더욱 할 수 없었다.

"그냥 산에 다니면서 이것저것 배우고 있어. 할 일도 없고 해서."

"그럼 나랑 같이 가지. 왜 혼자 다녀?"

영초가 실눈을 뜨고 나를 쳐다봤다.

"아, 그게 영목이 형이 너랑 다니면 날 가만두지 않겠다고…."

청파 앞에선 어려운 말도 또박또박 할 수 있지만 영초 앞에서는 쉽지 않았다.

"미안해. 내가 몇 번이고 너한테 더 많이 사과할게."

"나는 괜찮아."

영초가 미안한 얼굴로 내 팔을 더 꼭 붙들었다. 그렇게 아무 말 없이 함께 걸어 도착한 곳은 입구에 하얀 천막이 드리워진 작은 가게였다.

"넌 밖에서 기다리고 있어. 여기는 여자들만 들어갈 수 있거든."

영초가 천막을 들어 올리자 가게 안의 모습이 보였다. 여러 종류의 채소와 달걀, 천, 짚신, 소쿠리 등 집안 살림에 필요한 소박한 물건들이 가지런히 놓여 있었다. 아주머니 한 분이 소쿠리 안에 채소와 찬거리 등을 담은 후 보자기로 묶으며 말했다.

"오늘은 영초 네가 번을 서는 날이라 다행이구나. 천이랑 지초를 같이 보낼 수 있겠어. 마마께서 이번에 새로 시작하신 일이 무척 즐거우신 것 같아 다행이야. 안 그러니?"

"예, 정말 다행이죠. 제가 잘 전달할 테니 염려 마세요."

"오냐. 찬거리는 상하기 쉬우니 잘 보관해야 한다. 옥주에게 꼭 일러 주거라. 그 아이가 손이 야무지지 않아 걱정이야."

영초가 보따리 두 개를 들고 나와 나에게 하나를 건넸다. 내가 궁금한 표정을 짓자 영초가 말했다.

"여인들의 채소 가게야. 군부인 마마께서 곤궁하신 상황이라 동네 여인들이 십시일반으로 먹을 것이나 생필품들을 여기에 모으고 있어. 남자들 모르게 여자들만 조용히 하는 일이니 소문내지 마."

한 사람을 위해 여러 사람이 조용히 움직이고 있었다. 군부인께서 이런 도움을 원하시는지 알 순 없지만 나는 받기만 하는 그 마음이 불편할 수도 있다는 걸 알기에 착잡한 마음이 들었다. 서둘러 가자는 영초의 말에 나는 걸음을 재촉했다. 이런 복잡한 마음과 달리, 군부인을 뵈러 간다는 건 나에게도 설레는 일임이 분명했다.

"벌써 시작하셨나요?"

마당 한가운데에 쪼그리고 앉아 무언가를 하고 있던 군부인이 영초의 목소리를 알아듣고는 벌떡 일어섰다. 함께 온 내게 인사를 건네는 것도 잊지 않았다.

"어서 오너라. 안 그래도 오늘 오나 내일 오나 했는데 둘이 함께 오려고 그리 뜸을 들였구나."

군부인의 얼굴에 미소가 번졌다. 나도 군부인께 예를 갖춰 인사를 올렸다. 마당 안에는 전에 없었던 빨랫줄이 여러 개 늘어서 있었고, 각각의 빨랫줄에 자주색으로 염색된 천이 걸려 있었다. 영초는 빨랫줄에 걸린 천을 찬찬히 살펴보았다.

"이번 것은 염색이 훌륭하게 된 것 같습니다. 지난번엔 군데군데 얼룩이 있었는데 이번엔 고르게 잘되었는걸요?"

"그러냐? 지난번에 막수가 사람을 데리고 와서 염색하는 법을 알려 주고 갔단다. 내가 과정 하나하나를 천천히 했어야 했는데, 마음이 너무 급했던 모양이야."

군부인이 헝클어진 머리카락을 매만지는데, 손이 자주색으로 물들어 있었다.

"예. 저도 들었습니다. 아버지는 마마께 공들여 하는 일이 생겨서 기쁘다고 하셨어요."

"마음이 복잡할 때 염색을 하고 있으면 다른 생각을 하지 않게 되어서 좋고, 또 이렇게 어여쁜 천도 생기니 더 좋다. 네 아비 말로는 이 염색 천을 팔면 돈이 될 거라고 하던데 어서 실력을 더 키워서 사람들에게 폐를 끼치지 않았으면 더더욱 좋겠어."

바람을 따라 빨랫줄에 걸린 천들이 춤추듯 움직였다. 너무 진하지도 연하지도 않은 자주색은 파란 하늘 아래에서 더없이 고와 보였다. 천 뒤에 손바닥을 대 보았다. 햇살이 은은하게 비추어 천 뒤에 숨은 내 손바닥을 그림자로 만들어 주었다. 햇살도, 아름다운 색도, 어두운 그림자도 모두 한곳에 있었다.

"여인들의 채소 가게에서 지초랑 천을 더 가져왔습니다. 마마께서 염색을 시작하셨다고 하니 다들 많이 기대하고 있어요. 보따리를 싸 주신 정화 아주머니가 앞으로 자줏빛 끝동을 달고 다니자고 한 말에 다들 좋다고 했어요."

영초는 군부인의 일을 자기 일처럼 생각하는 듯했다.

"다들 나를 그렇게 생각해 주고 있다니 미안하고 또 미안한 마음뿐이야. 그러다 다들 괜한 곤경에 빠지게 될까 두렵기도 하고."

군부인의 표정이 금방 어두워졌다. 만약 이 일로 누군가가 곤란해진다면 군부인은 더 큰 죄책감을 가지게 될 것이 분명했다.

"너무 걱정 마세요. 다들 조심스럽게 하고 있으니까요."

영초는 가지고 온 보따리를 풀며 화제를 바꿨다.

"가치가 덜한 지초도 있지만 연습을 해 보기엔 괜찮을 것 같아 가지고 왔어요. 반찬거리들은 제가 부엌에 잘 정리해 놓고 가겠습니다."

지초와 천을 마당 위 평상에 올려놓은 영초는 다른 보따리를 가지고 부엌으로 들어갔다. 이제 마당에는 군부인과 나만 남게 되었다. 우리 둘은 빨랫줄에 걸린 자주색 천을 가운데에 두고 서 있었다. 나는 어디로 시선을 두어야 할지 몰라 그저 안절부절못할 뿐이었다.

"단오야."

가슴이 저릿했다. 내 이름을 부르는 사람이 누구냐에 따라 내 이름은 다르게 들리곤 했다. 어머니나 아버지가, 또 겸오나 영초가 부를 때의 내 이름은 내가 아니기도 했고, 내가 될 수 없기도 했다. 그런데 군부인께서 부르는 내 이름은 따스하고 부드러웠다. 내 이름을 처음 듣는 것처럼 새로웠다.

"예. 마마."

"네가 나를 마마라고 부르니 내가 아직도 마마인 것 같은 기분이 들어서 하는 말인데, 나는 이제 마마가 아니란다."

군부인도 나와 비슷한 감정을 느끼신 것일까. 나는 어떤 대답도 할 수 없었다.

"지난번에 너에게 했던 질문을 기억하고 있느냐?"

그날 이후로 나는 오래도록 군부인의 질문을 곱씹었다. 좋아하는 것을 생각하려면 나는 내 몸에 남은 흉터보다 더 고약한 것들을 꺼내야 했다.

"저는 아직 답을 찾지 못했습니다."

군부인께서 한 뼘 더 가까이 내게 다가섰다.

"가볍게 생각해 보거라. 좋아하는 것은 어려운 것이 아니라 아주 가볍고 단순한 것이니까. 너무 가까이에 있어서 보이지 않거나 모르는 거란다."

바람이 크게 불어와 빨랫줄에 걸린 천이 둥실 떠올랐다. 천의 끝에는 소나무 자수가 놓여 있었다. 그 천이 내 얼굴과 몸을 부드럽게 스쳐 갈 때 어디선가 향긋한 꽃 냄새가 함께 묻어났다.

'아! 씨앗.'

겸오와 나는 종종 뒷간 담벼락 아래에 씨앗을 심었다. 그 작은 씨앗에 무슨 힘이 있기에 싹을 틔우고 줄기와 잎이 자라 꽃을 피우는지 그 과정을 지켜보는 것이 좋았다. 씨앗의 운명은 정해진 대로 흘러갔다. 홍화 씨앗을 심으면 홍화가 되고, 지초 씨앗을 심으면 지초가 된다. 바람이 불고, 눈이 오고, 비가 와도 씨앗은 자기 운명을 따라 자랐다. 그 작은 씨앗도 그럴진대, 나 역시 어떤 이유가 있어 이 땅에 발을 붙인 것이 아닐까 생각하면 그 누구에게서도 받지 못한 진짜 위안을 받을 수 있었다.

"씨, 씨앗, 씨앗입니다."

청파에게 배운 대로 하지 못하고 더듬거린 것이 조금 창피했다.

"머뭇거리는 걸 보니 네가 정말 좋아하는 것이겠구나."

그렇기에 군부인께서 건넨 말은 뜻밖이었다.

"좋아하는 것 앞에서는 떨리는 마음을 숨길 수 없지. 먼저 가신 노산군께서도 좋아하셨던 날씨, 음식, 이야기 등을 하실 때는 마음이 들떠 허둥지둥하셨고, 가슴이 콩닥거린다며 들뜬 마음을 감추지 못하셨단다. 그런데 지금은 그런 것들을 다 버리고 어디쯤에 계시는지…."

군부인께서 하늘을 올려다보았다. 햇살이 눈가를 어루만지자 반짝이는 무언가가 아래로 뚝 떨어졌다.

"너도 알다시피 나와 노산군을 위해서 목숨을 건 사람들이 있었다. 그때는 그들의 마음이 당연한 일이라고 여겼지. 그것이 거스를 수 없는 큰 뜻이라고 생각했다. 그런데 이렇게 고통스러운 시간을 보내고 있는 지금, 이 세상에 없는 사람들을 떠올려 보면 정말 중요한 것은 무엇이었을까 하는 생각을 자주 하게 되더구나. 먼저 가신 어린 노산군께서 진정 바라신 것은 정치적 뜻이었는지, 그저 한 사람으로서의 삶이었는지. 좋아하고 소중하게 여기던 것들을 여기에 남겨 두고 떠나갈 때의 그 마음은 어땠을지. 그런 생각을 하면 그분을 죽음으로 내몬 것 역시 나였구나 하는 자책을 하게 된단다."

나는 군부인께서 하는 말을 전부 이해하지 못했지만 그 마음을 알 것 같았다. 중요하고 가치 있는 모든 명분보다 앞서 지켜야 했던 것은 무엇이었을까. 내가 나에게 늘 하던 질문이었고, 어머니 아버지의 뒤에 대고 소리치고 싶었던 말이었다. 노산군의 죽음과 내가 겪었던 불행이 다르지 않았다. 하지만 단순히 내가 좋아하는 것들을 찾는 것이 무슨 도움이 되는 걸까. 군부인의 말이 무슨 말인지 너무 잘 알 것 같다가도 아무것도 모르겠다는 생각에 깜깜해졌다.

"모든 것이 사라지고 무너진 자리에 채워야 할 것은 분노도 체념도 아닌 좋아하는 것이어야 하겠더구나. 그래서 나는 내가 좋아하는 것이 무엇인지 찾아 채워 보려고 한다. 그런 것들이 나를 뿌리처럼 단단하게 만들어 줄 거라고 믿으면서 말이야."

어느새 내 옆으로 가까이 다가온 군부인이 내 손을 잡았다. 물끄러미 나를 바라보는 모습에 마음이 뭉클했다. 어쩌면 군부인과 내가, 또 나와 노산군이 같은 아픔을 갖고 있는 건 아닐까. 한편으로 누구에게나 함부로 가늠할 수 없는 아픔이 있다는 사실이 위로가 된다는 것에 마음이 무거워졌다. 군부인께서 이제는 마음의 짐을 훌훌 벗고 조금은 편안해지시길 바랐다.

군부인은 평상 위에 앉아 반짇고리를 열었다. 그리고는 옆에 접어 둔 자주색 천 끄트머리에 자수를 놓았다. 나는 말없이 그 모습을 지켜보았다. 잠시 후 군부인께서 수를 놓은 천을 내게 내밀었다. 천 끄트머리에 씨앗 자수가 놓여 있었다.

"여기 오는 사람들에게 좋아하는 것을 물어보고, 이 손수건에 수를 놓아 주고 있단다. 내 마음 편하고자 소일거리로 하는 일인데 사람들이 좋아해 주어서 다행이야."

빨랫줄에 걸린 천에 소나무 자수가 놓여 있던 것이 생각났다.

"먼저 가신 노산군을 위해서도 수를 놓아 드리고 싶은데 지금 무엇을 좋아하실지 알 길이 없더구나. 유배지에 소나무가 많다 들었는데 분명 그곳을 좋아하셨을 것 같아 내 짐작으로 소나무를 수놓아 보았단다."

군부인은 하늘을 올려다보았다. 푸른 하늘이 끝도 없이 펼쳐져 있었고 그 아래 펄럭이는 자주색 천이 묘한 대비를 이루고 있었다. 나는 군부인께 받은 손수건을 조심스럽게 쥐어 보았다.

그 후로 며칠에 한 번씩 송현 나루터에 지초를 팔러 가는 길에 군부인의 집에 들렀다. 문 앞에 내가 캐낸 것 중 가장 좋은 지초 뿌리 몇 개를 두고 왔다. 장사를 마치고 나면 집에 돌아가는 길에 다시 군부인의 집 근처 언덕에 올랐다. 그리고 먼발치에서 군부인과 옥주라는 아이가 마당에 쪼그려 앉아 염색을 하는 모습을 지켜보았다. 빨랫줄에는 늘 자주색 천이 너울거렸다. 멀리서도 군부인의 얼굴에 웃음이 스며들어 있는 것을 보면 한결 마음이 좋아지곤 했다. 집에 돌아오는 길에는 씨앗 자수가 놓인 천을 손에 쥐고 내가 좋아하는 것이 무엇인지, 늘 뻥 뚫려 있는 이 마음을 어떻게 메워 줄 것인지 답을 찾으려 애를 썼다.

그날도 군부인의 집 근처 언덕에 올랐다 집으로 돌아가는 길이었다. 영초가 우리 집으로 가는 길목에 서 있다 나를 보고는 얼굴이 붉어졌다.

"너 잘 만났다. 나 좀 봐."

영초는 담벼락 아래에 나를 세워 두고 주위를 두리번거렸다.

"너 요즘 도대체 어떻게 지내는 거야? 물어보고 싶은 말이 있는데 도통 널 만날 수가 있어야 말이지."

나는 송현 나루터에 나가 장사하는 것을 가족에게도 말하지 않았다.

"영목 오라버니가 송현 나루터에서 너를 봤대."

영초의 얼굴에 근심이 퍼져 나갔다.

"너랑 청파가 같이 있는 걸 봤댔어."

나는 영초의 얼굴을 바로 볼 수 없었다. 내가 잘못해서가 아니라, 영초가 걱정할 일이 아니어서였다.

"그게 무슨 문제라도 돼?"

"뭐라고? 그런 사람하고는 눈도 마주치면 안 돼. 내가 전에 말했잖아."

나는 영초의 말이 늘 옳다고 여겼지만 이번엔 아니었다.

"막수 아저씨하고 사이가 나쁘기 때문이야?"

내 질문에 영초는 얼굴이 굳어졌다.

"노산군과 군부인 마마를 무참히 짓밟은 세력을 도왔어. 하지 말아야 할 일을 그것도 아주 나쁘게 한 사람들이라고. 너도 알잖아."

영초는 마치 내가 그런 사람들의 편이라도 된 양 나를 노려보았다.

"그런 일들은 나랑 아무 상관없어."

나는 그저 하루빨리 아버지의 빚을 갚아야 했다. 누가 옳든 그르든 그런 것과 상관없이 내 앞에 놓인 일을 해결하는 것이 급했다.

"너 그게 무슨 소리야? 왜 상관이 없어? 옳지 못한 일을 한 사람들과 어울리는 게 말이 돼? 거기다 우리 아버지하고도 악연이라고."

영초의 말은 분명 틀리지 않았다. 하지만 늘 옳을 수는 없었다.

"하지만 그 사람이 누군가에겐 도움이 될 수 있어. 반대로 막수 아저씨가 옳다고 했던 일도 다른 사람들에겐 위험이 됐을 수도 있잖아. 아저씨가 도운 일이 결국 두 분을 위험에 빠트렸다고는 생각 안 하니?"

내 말에 영초는 금방 울 것 같은 표정이 되었다.

"복위든 찬탈이든 그런 어려운 문제들에 대해서 사실 난 잘 모르겠어. 하지만 복위를 도모한다는 이유로 결국 노산군께서는 목숨을 내놓아야 했고, 군부인께서는 이리 힘들게 살고 계시잖아. 그냥 좋아하는 일을 하며 편안하게 사실 수도 있었는데 말이야. 이제 와 저리되신 군부인을 돕겠다고 하는 게 나는 이해가 안 돼."

"다른 사람도 아니고 네가 그런 생각을 할 줄은 몰랐어. 마마를 뵈면서 청파하고 가깝게 지낸다는 건 말도 안 되는 거잖아. 마마께서 그런 너를 이해하실까? 나도 널 이해할 수 없는데!"

영초는 눈물을 보이지 않으려 재빨리 뒤돌아섰다. 영초의 어깨가 들썩거렸지만 나는 예전처럼 영초를 붙잡을 수 없었다. 영초가 잠시 머뭇거리다 말없이 뛰어가 버렸다. 내가 청파를 옹호하기 때문에 그의 도움을 받는 것은 아니었다. 나에겐 떠맡겨진 짐이 있었고 나는 그 짐을 해결해야만 했다. 내 필요를 채우려 청파를 만나 도움을 받았지만 나는 그의 도움이 싫지 않았다. 바보 같고

소심한 '나'를 벗어던지고 싶었다. 청파 앞에서는 다른 내가 될 수 있을 것 같았다. 내가 군부인과 알고 지내면서 뒤에선 청파를 만나는 것이 누군가에게 해가 되는 일도 아니었다.

나는 자꾸만 영초가 한 말에 이유를 대며 한참을 오도카니 서 있었다. 사내 하나가 내 맨얼굴을 보고는 쯧쯧, 혀를 차며 지나갔다.

선택

집에 돌아오니 분위기가 심상치 않았다. 겸오가 잔뜩 긴장된 얼굴로 내게 살며시 다가왔다.

"형, 아버지가 또 돈을 빌리셨대. 지난번보다 더 많이 빌리셨대. 근데 또 그 돈을 안 갚았대."

울먹이는 겸오의 눈동자가 텅 비어 있었다.

"그 돈을 어디에 쓰셨어요?"

아버지는 아무 말 없이 그저 히죽거리기만 했다.

"어디다 쓰긴 어디다 써. 다 노름하는 데 썼지. 전에 진 빚을 갚겠다고 돈을 빌려 또 노름을 했단다."

어머니는 가슴을 주먹으로 턱턱 내리쳤다.

"돈을 어디서 빌리셨어요?"

아버지가 우물쭈물하더니 나를 보고는 빙긋 웃었다.

"청파, 청파가 빌려줬다. 단오 네가 갚을 거라고 했어."

아버지의 말을 믿을 수 없었다. 직접 확인해야 했다. 집 밖으로 뛰쳐나가는 나를 붙잡은 건 정오였다.

"형, 그 사람들이 아버지가 돈을 안 갚으면 우리 모두 까마귀밥이 될 거라고 했어."

정오는 그 말을 뱉어 놓고는 몸을 벌벌 떨었다. 도대체 이 일은 어디로 흘러가려는 것일까.

"그날 우리 셋이 다 죽었어야 했어. 그 불에 다 타 죽었어야 해. 그럼 저 어린 것들도 태어나지 않았을 것 아냐."

어머니는 이제 아무렇지도 않게 그날의 이야기를 떠들었다. 왜 나까지 죽었어야 하지? 그 말이 입 밖으로 튀어나올 것 같았다. 아니, 어쩌면 어머니의 말이 맞는지도 몰랐다. 나도 나의 이런 미래를 알았다면 그 방을 절대 빠져나오지 않았을 것이다. 하지만 지금의 나는 방을 빠져나올 수밖에 없었다. 집에서 아무리 멀어져도 어머니가 악을 쓰며 우는 소리는 사라지지 않고 더 크게 내 귓가를 때렸다. 벗어날 수 없었다.

청파는 누군가를 기다리고 있다는 듯 방에 환하게 불을 밝히고 있었다. 인기척을 느낀 청파가 방문을 벌컥 열어젖혔다. 청파는 나를 보고는 재미있다는 듯 입꼬리를 쓱 올렸다.

"뭔가 내게 용건이 있나 보구나."

송현 나루터에서 호기롭게 장사를 하던 나는 내가 아니었는지도 모른다. 청파라는 든든한 뒷배가 있었기에 가능한 일이었다. 하지만 지금 내 눈앞의 청파는 송현 나루터에서 보았던 청파가 아니었다. 어쩌면 내가 경계했어야 할 청파와의 관계는 지금부터 시작이었다. 청파는 방문 가까이 앉아 입이 떨어지지 않는 나를 내려다보고 있었다.

"네가 갚을 수 있다."

청파는 나보다 한 수 더 앞서 있었다.

"도대체 그 방법이 무엇입니까?"

청파는 방문을 훌쩍 뛰어넘어 내 쪽으로 다가왔다. 왼쪽 눈을 가리지 않은 청파의 맨얼굴을 처음 본 나는 흠칫 놀랄 수밖에 없었다.

"곧 전하께서 오대산 상원사에 예불을 드리러 행차하신다. 행차 전 도성에서 큰 불사*가 열릴 터인데, 그 전에 군부인 송씨가 염색한 천을 내게 가져오거라. 내게 필요한 만큼 네가 가져다준다면 네 아버지가 진 빚을 모두 탕감해 주겠다. 단 송씨가 이 사실을 알아서는 안 된다."

청파의 번득이는 오른쪽 눈이 전보다 더 강렬하게 느껴졌다.

"몰래 훔쳐 오란 말씀이십니까?"

청파가 별일 아니라는 듯 고개를 끄덕였다. 이건 옳지 못한 일

---

* 중생을 교화하고 설법하는 불교 행사.

이었다. 다른 사람도 아니고 청파를 위해서 군부인의 물건을 바쳐야 한다니. 나는 고개를 저었다.

"그 천이 필요하시다면 굳이 저를 통해서 받으셔야 할 이유가 있습니까? 저보다 더 수완이 좋은 사람들을 거느리고 계시지 않습니까?"

"그 이유는 때가 되면 저절로 알게 될 것이다. 또한 네가 못 가지고 올 이유도 없지 않으냐? 나는 너에게 빚을 갚을 기회를 주는 것이다. 쉬운 길이 있는데 왜 고민을 하는 게지? 나는 너를 통해 쉽게 일을 해결하고 너도 쉽게 빚을 갚는 길인 것을."

청파에겐 속셈이 있었고, 나에겐 빚이 있었다. 청파는 내 약점을 파고들었고, 나는 청파가 쳐 놓은 함정의 밑바닥에 무엇이 있을지 예상할 수 없었다.

"네가 돈을 갚을 기회가 있을 때 갚는다는 약속을 했기에 네 아비의 손목을 살려 두었다는 걸 기억해라. 그리고 나는 너에게 기회를 주었는데 네가 하지 못한다면 내일 아침 네 아비를 잡아 올 것이다. 이번에 네 아비가 돈을 빌리며 건 조건은 빚을 갚지 못하면 너의 동생들을 나에게 팔아넘기는 것이었다."

머리가 어지러워 금방이라도 땅속으로 푹 꺼져 버릴 것 같았다. 아무것도 모르는 동생들까지 희생양이 되어야 한다니, 아버지라는 사람이 너무나도 원망스러웠다. 할 수만 있다면 이런 판을 짠 청파도 구덩이에 파묻어 버리고 싶었다. 하지만 나는 처음부터 끝까지 너무나 나약하고 어리숙했다.

영초는 몇 번이고 청파를 경계해야 한다고 말했지만 나는 그를 나쁘게만 생각하진 않았다. 그는 분명 내게 가르침을 주었다. 왕위 찬탈에 앞장선 사람들의 뒤를 봐준 것과 별개로 그는 나에게 기회를 주었다. 한쪽 눈이 없는 그에게 동병상련의 마음도 있었다. 하지만 청파가 요구하는 일을 할 수는 없었다. 왜냐하면 내게 군부인은 그저 연민과 동정의 대상이 아니었기 때문이다. 부모에게서 들어 본 적 없었던 따스한 말과 진심 어린 조언은 내 마음속에 잔잔한 파장을 불러일으키기에 충분했다. 게다가 이 일이 분명 군부인에게 해가 될 것 같은 불길한 예감도 들었다.

"하지만 저, 저는 오, 옳지 않은 일을 할 수는 없습니다."

청파는 내가 철없는 소리를 한다는 듯 내 말에 헛웃음을 지었다. 그는 나를 자기 발아래에 두고 있었다.

"자, 여기 옳은 일이 있고, 꼭 필요한 일이 있다. 딱 한 가지를 선택해야 한다면 너는 어떤 것을 선택할 것이냐?"

청파의 푹 꺼진 왼쪽 눈이 나의 고민이 무엇인지를 꿰뚫어 보고 있는 듯했다.

"청파의 눈은 하나뿐이어도 두 눈으로 보는 사람보다 더 많은 것을 본다. 그러니 조심해야 해."

송현 나루터에서 누군가 내게 지나가듯 흘린 말이었다.

"지금 너에게 가장 필요한 것은 무엇이냐?"

"그, 그것은…. 그것은…."

"나는 네가 원하는 것을 똑바로 말하기를 바란다. 모든 것은 정확하게 알고 말하는 것에서 시작된다. 내 입에서 나가는 말 한마디도 제대로 하지 못하면서 다른 사람과 세상이 네 말을 들어주기를 바라는 것은 말이 되지 않는다."

그의 말뜻을 이해했지만 나는 어떤 대답을 내놓아야 할지 망설였다. 내 침묵이 길어지는 것을 그가 가만히 지켜보았다. 어둑한 마당 한가운데에 우뚝 선 그와 초라한 내가 침묵을 버티고 있었다.

"나에 대한 소문을 너도 잘 알 것이다. 나는 본디 천한 출신이었고 남들이 부러워할 만큼의 부를 얻기까지 많은 고비와 위험이 있었다. 나는 동생이 아파 의원에 가야 했고 돈이 필요했다. 그래서 돈을 빌렸는데 갚질 못했지. 돈을 벌려면 내 양심을 팔아야 했기 때문이다. 결국 나는 두들겨 맞아 한쪽 눈을 못 쓰게 됐고, 내 동생도 목숨을 잃었다. 일이 이렇게 되고 난 후 옳고 그름보다 더 우선되어야 할 것은 필요라는 것을 깨달았다. 결국 지금 내게 필요한 것이 가장 옳은 것이라는 것도 알게 되었다."

청파는 담담하게 이야기했다. 모든 아픔이 켜켜이 쌓이고 굳어져 더 이상 그 누구도 흔들 수 없는 화석 같았다. 내가 지금 옳다고 생각하는 것은 무엇이고, 내게 필요한 것은 무엇일까.

"제가 그 일을 하는 것이 결국 저에게도 옳은 일이 되는 것입니까?"

청파는 마당 담벼락 쪽으로 걸어갔다. 담벼락에 나무 한 그루가 심어져 있었는데 청파가 나뭇가지 몇 개를 뚝뚝 분질렀다.

"곁가지는 분질러 줘야 훗날 나무에게 더 이롭다."

청파는 분지른 곁가지를 바닥에 툭 떨어트렸다.

"너도 알고 있겠지만 나는 전하의 거사*에 앞장선 세력의 뒤를 봐주었다. 내게 가장 필요한 건 누구도 내 털끝 하나 건드리지 못할 만큼의 힘이다. 그러기 위해선 내 상단의 규모를 더 키워야 했고, 어떤 일에서든 내 뒤를 봐줄 세력이 필요했지. 뒤에서 나를 손가락질하는 사람들이 있다는 것도 알고 있다. 하지만 그들은 무엇을 했느냐?"

"병자년에 처형된 여섯 사람**을 말씀하시는 것입니까?"

"그렇다. 그들은 어린 왕을 앞세워 그들이 옳다고 여기는 가치를 지키려고 했다. 그들과 내가 다른 것이 무엇이냐?"

나도 영초에게 비슷한 말을 했었다. 그 사람들이 복위를 도모하지 않았다면 노산군께서는 목숨을 건졌을지 모른다고. 군부인께서 말씀하신 것처럼 좋아하는 것들을 찾으며 삶을 사셨을 수도 있다. 군부인께서는 모든 이들의 동정을 받는 딱한 처지가 되지 않으셨을 수도 있다. 막수 아저씨에게 생명의 은인이라는 군부

---

* 단종 원년(1453년), 수양대군이 왕위에 오르기 위해 일으킨 계유정난.

** 단종의 복위를 꾀한 사육신(성삼문, 박팽년, 이개, 하위지, 유성원, 유응부).

인 가문이 화를 면했을 수도 있다. 머리와 가슴이 제멋대로 엉클어졌다. 이 모든 가치를 구분하는 것이 무슨 소용이 있나 싶었다. 청파의 말대로 내가 어리석은 고민을 하고 있는지도 몰랐다.

지금 내게 필요한 건 무엇일까. 집을 나설 때 먹먹한 얼굴로 나를 보던 겸오와 정오, 그 애들에게만큼은 내가 받은 것과 같은 상처를 주고 싶지 않았다. 아버지는 그렇다 치더라도 동생들까지 고통을 당해야 한다면, 그때도 내가 옳다고 여겼던 것들이 의미가 있을까? 확신할 수 없었다. 어쩌면 청파가 나를 또 한 번 이끌어주기를 바라고 있단 생각에 이르렀을 땐 스스로 한심하다는 생각마저 들었다.

"선택은 너의 몫이다."

청파는 한마디를 남기고 훌쩍 방 안으로 들어가 버렸다. 나는 청파가 바닥에 떨구고 간 곁가지들을 바라보았다.

나는 청파의 방에 불이 꺼진 것을 보고 그의 집을 빠져나왔다. 사방에 깔린 짙은 어둠이 나를 어디로 데리고 갈지 두려웠다. 방향을 잡지 못하고 망설일 때 가까운 곳에서 인기척이 들렸다. 나는 누가 나를 잡으러 오는 것 같은 불안감에 근처 나무 뒤에 몸을 숨겼다. 한 여인이 청파의 집 대문을 두드리자 바로 문이 열렸다. 대문에 걸려 있는 등불 아래에 여인의 얼굴이 모습을 드러냈다. 분명 내가 만난 적 있는 사람이었다.

아직 어둠이 걷히지 않은 새벽, 나는 군부인의 집으로 발걸음을 옮겼다. 아무리 해도 끝나지 않는 고민이었지만 내게 닥친 문제를 해결해야 했다. 어떻게든 움직이는 것이 아무것도 하지 않는 것보다는 나을 것이라는 판단이 들었다. 하지만 군부인의 집에 가까워질수록 내 가슴에선 요란한 소리가 났다. 다른 곳에서 똑같은 염색 천을 구해 볼까 싶다가도 그러면 청파가 어떻게든 눈치챌 것 같았다. 그러다 이 일을 영초가 알게 된다면 나는 다시는 영초를 볼 수 없을 것 같았다. 결국 그 누구도 모르게 군부인의 천을 청파에게 가져다주는 것만이 모두를 위한 일이라는 결론에 이르렀다.

군부인과 옥주는 잠이 들었는지 집 안은 몹시 조용했다. 마당에 세워진 빨랫줄에 걸린 천들이 바람을 따라 이리저리 나부끼고 있었다. 그 모습이 마치 나를 보는 것 같아 처량한 마음이 들었다. 하지만 여기까지 왔으니 망설일 수 없었다. 나는 조심스럽게 빨랫줄에 걸린 천의 끄트머리를 슬며시 쥐어 보았다. 보드랍고 정갈한 느낌이 나를 나무라는 것 같아 선뜻 힘을 주어 그 천을 끌어내릴 수 없었다. 고개를 들어 빨랫줄을 올려다보았다. 어둠 속에 묻힌 자주색은 낮의 그 선명함을 숨기고 있었다. 그것이 오히려 다행이었다. 그 아름다운 색에 스며 있는 군부인의 마음을 모른 척할 수 있었다. 눈을 꼭 감고 천을 아래로 끌어당겼다. 주르르, 너무나 쉽게 천이 바닥으로 흘러내렸다. 나의 이 선택이 얼마나 하찮은 것인지 보여 주는 것 같았다. 하지만 청파의 말대로 선택은 나의 몫이었다. 원하지 않아도 자식으로서, 또 형으로서 내가 할 수 있다면 마땅히 해야 할 일이었다. 나는 빨랫줄에 걸린 천들을 모조리 끌어당겼다. 그 천들은 너무도 가벼워 어두운 밤 속을 아무런 기척도 없이 흘러내렸다.

가슴팍에 천을 끌어안고 군부인의 집을 나섰다. 누군가 내 뒤를 밟을 것 같아 두려웠지만, 나의 뒤를 밟을 사람은 어쩌면 내가 아닐까란 생각에 등골이 오싹했다. 그러다 이 천을 가져가는 일 따위가 그리 큰 죄일까 싶어 발걸음을 멈춰 세우곤 했다. 아무리 걸어도 집으로 가는 길은 끝없이 이어졌고, 내가 가야 하는 길이 어디인지 점점 더 보이지 않았다.

며칠 후, 나는 조금이라도 죄책감을 덜어 내고 싶어 산에서 캔 지초 뿌리를 가지고 군부인의 집에 몰래 찾아갔다. 군부인께서 누군가 염색 천을 훔쳐 가는 걸 눈치채셨을 텐데도 마당에는 염색 천이 가득 걸려 있었다. 나는 복잡한 마음을 간신히 추스르며 걸려 있는 염색 천을 모조리 끌어내렸다. 나오는 길에 지초 뿌리가 담긴 보따리를 마당 안 담벼락 아래에 내려놓았다. 그리고 발걸음을 돌리려는데 어렴풋이 사람의 모습이 보였다. 그 사람의 얼굴이 어둠 속에서 선명해지는 순간, 나는 숨이 멎어 그대로 땅속으로 꺼져 들어갈 것 같았다. 하지만 모든 일을 허투루 만들

순 없었다. 그러기엔 이 일에 걸려 있는 것들이 너무나도 많았다. 나는 아무것도 못 본 듯, 아무 일도 없는 듯 태연하게 발길을 돌려 군부인의 집을 나왔다. 군부인의 집 앞 언덕 나무 뒤에 서 있던 남자가 나를 보고 풀숲으로 뛰어가는 것이 보였다. 내가 일을 제대로 하고 있는지 확인하려는 청파 상단의 사람일 게 뻔했다. 내 품 안에 군부인께서 염색한 천들이 한 아름 안겨 있었다. 나는 또 선택해야 했다. 옳은 것과 필요한 것 사이에서.

나는 그 후로도 몇 번, 군부인의 집에 몰래 들러 염색 천을 훔쳐 내고, 지초 뿌리를 내려놓고 나왔다. 얼마 후 내가 훔쳐 낸 천들은 제법 많은 양이 되었고 나는 청파에게 그동안 훔친 천을 모두 가져다주었다.

청파가 염색 천에 놓인 소나무 자수를 손으로 매만졌다.

"소나무 자수라…. 우리가 일을 만들지 않아도 스스로 일을 만드는구나. 어리석기도 하지."

군부인은 어리석다는 말을 들을 분이 아니었다.

"깎아내리지 마십시오. 그 안에 담긴 군부인의 진심은 아무도 넘겨짚을 수 없는 것입니다."

청파가 나를 노려보았다.

"누구나 아픔을 갖고 산다. 내가 그렇고 너도 그렇다. 하지만 아무 곳에나 자신의 아픔을 드러내는 것은 결국 불필요한 동정과 연민만 불러일으킬 뿐이야. 스스로를 약하게 만드는 건 어리석은

짓이다."

청파의 말은 매번 이상한 구석이 있었다. 분명 무언가를 거스르는 말처럼 들렸지만 마음을 건드리는 말이기도 했다. 청파는 내게 어떤 사람이 되고 싶어 이런 말을 하는 것일까. 그의 속뜻을 온전히 이해하고 싶었다.

"이로써 모든 빚은 탕감되었으니 네 아비와 동생들을 데리고 가거라."

청파의 제안을 받은 다음 날, 아버지와 동생들은 모두 청파 상단에 잡혀갔다. 내가 시키는 대로 일을 하겠노라 했지만 청파는 담보가 있어야 한다고 했다. 장사란 그렇게 하는 것이라며 내게 조언을 하기까지 했다. 허름한 광에서 나온 아버지와 동생들은 얼마나 고생을 했는지 얼굴이 많이 상해 있었다. 아버지는 연신 웃으며 내게 고맙다는 말을 했고, 정오는 기운이 없는지 아버지 등에 업혀 몸을 축 늘어뜨리고 있었다. 겸오는 내 눈치를 보는가 싶다가 금방 굳은 얼굴이 되었다. 겸오에게 그 광에서 보낸 며칠이 어떠했을지는 충분히 짐작할 수 있었다.

"나는 형이 다치지 않기만을 바랐어. 내가 원하는 건 그것뿐이었어."

겸오의 말에 눈물이 왈칵 차올랐다. 누구도 다치지 않기를 바라는 마음. 나 역시 겸오와 같았다.

집 마당 안에 들어섰을 때 어머니가 부엌에서 나오다 우리와 마주쳤다.

"단오 덕분에 돌아왔네."

아버지가 나를 앞세워 하는 말에 얼굴이 붉어졌다. 그 말이 나에게 고마워서 하는 말이 아니라는 것을 잘 알고 있었다. 어머니는 아무런 말이 없었다. 우리가 그 비밀을 모두 알게 된 날 이후, 어머니는 나를 보고 어떤 말도 하지 않았다. 갑자기 어머니가 다른 사람이 되어 내게 미안하다는 말을 한다든가, 용서를 빈다든가 하는 일은 나 역시 바라지 않았다. 내게도 그것은 퍽 당혹스러운 일일 것이고, 나는 그런 식으로 그 일을 없던 일로 할 수는 없었다.

"아궁이 옆에 밥상 차려 놨으니 먹어라."

부엌에 들어가니 작은 상 위에 하얀 쌀밥 한 그릇과 소박한 반찬이 놓여 있었다. 따뜻한 밥상이 서로에게 겸연쩍은 일이라는 것을 우리는 알고 있었다. 옳지 못한 일을 한 대가를 나는 어디서 찾으려고 했던 것일까. 언젠가 이 소박한 밥상이 그 답이 되어 줄 것만 같았던 날도 있었다. 하지만 이제 그럴 수는 없을 것 같았다. 마음이 복잡해 숟가락을 들었다 다시 내려놓았다.

덫

청파의 말대로 큰 불사가 열린다는 소문이 도성 안에 퍼져 있었다. 사람들은 임금님이 왕위에 오르는 과정에서 여러 사람의 피를 본 것을 불심으로 속죄하려는 것이라고 했다. 하지만 부모님도 청파도 또 임금님도 스스로 선택한 일을 하면서 지켰어야 했던 것들은 모두 잊고 있는 듯했다. 이제 내게 옳은 것과 필요한 것을 구별하는 일은 중요하지 않았다. 대야에 찬물을 받아 세수를 했다. 군부인께 받은 씨앗 자수가 놓인 손수건을 꺼내 얼굴을 닦았다. 손수건에 묻어난 피고름은 미안함과 부끄러움이었다. 아버지, 어머니, 청파 그리고 나. 우리 모두의 것이었다. 과정마저도 불쾌한 찌꺼기들이었다.

오랜만에 산에서 만난 영초는 불사에 갈 생각에 들떠 있었다. 함께 가자는 영초의 말에 가슴이 뜨끔했다.

"우리 같은 사람들이 가도 되는 거야?"

"그럼. 누구든지 와서 불사를 즐기라고 하던걸. 임금님이 하신 일은 밉지만 불사 구경은 하고 싶어. 같이 가자. 응?"

"그럼 부처님이 내 소망을 다 들어주실까?"

영초가 질경이를 뜯다가 나를 물끄러미 바라보았다.

"단오야, 너 질경이가 왜 질경이인 줄 아니? 질겨서 질경이야. 질경이는 안전하고 좋은 곳보다 오히려 밟히는 길을 찾아 산대."

송현 나루터에서 만난 하얀 턱수염 아저씨에게 들었던 말이 생각났다.

"질경이는 아무리 밟아도 쉽게 상처받지 않는다는 것도 알아?"

내 말에 영초의 얼굴에 안도감이 스며들었다. 누구보다 내 상처를 걱정해 주는 건 영초였다.

"같이 가자. 부처님이 아마 네 소망은 꼭 들어주실 것 같아."

환히 웃는 영초의 얼굴 위로 아침 이슬에 스며든 햇살이 내려앉았다. 부처님은 이토록 맑은 영초의 얼굴을 누구보다 먼저 바라봐 주실 것 같았다. 영초가 손을 뻗어 내 뺨에 가져다 댔다. 흠칫 놀란 나는 뒷걸음질 쳤고, 영초의 손이 허공으로 툭 떨어졌다. 안타까워하는 영초의 표정을 읽었지만 내가 할 수 있는 건 모른 척뿐이었다.

내키지 않지만 불사에 가야만 했다. 어떤 일이 생길지 도무지

가늠할 수 없어 하루하루 불안했다. 나 같은 건 여기서 더 망가져도 그만이지만 일이 잘못되었다간 군부인께서 곤란에 처하실수도 있기 때문이었다. 나는 영초와 약속한 시간에 맞춰 불사가열리는 곳으로 향했다.

"부처님께 가서 열심히 빌어. 얼굴 좀 낫게 해 달라고."

손자와 손을 잡고 지나가던 할아버지가 내 얼굴을 보고 혀를찼다. 손자가 눈을 동그랗게 뜨고 '저 형은 얼굴이 왜 저래'라고큰 소리를 내는 바람에 주변 사람들이 모두 다 나를 돌아봤다.고개를 들지 못하고 서성이고 있는데 영초가 사람들 속에서도 용케 나를 찾아내고는 뛰어왔다.

"이것 좀 봐. 정말 예쁘지?"

영초의 끝동에 자주색 천이 덧대어져 있었고, 소나무 자수가수놓아져 있었다.

"군부인께서 염색하고 남겨 놓으신 자투리 천을 붙여 봤어. 자수까지 있으니 예쁘지?"

자줏빛 끝동을 보니 군부인께서도 우리와 함께 계신 것 같아불안한 마음을 조금이나마 누그러뜨릴 수 있었다. 별일 없이 이하루가 지나갔으면 하는 바람이 이루어질 것만 같았다.

"빨리 가자. 좋은 자리에서 보려면 서둘러 가야 해."

늘 그랬듯, 영초가 내 팔을 잡고 자꾸만 앞으로 또 앞으로 끌어당겼다.

불사가 시작되는 곳은 대웅전 앞마당이었다. 내 키의 두 배 정도 되는 높이에는 형형색색의 등이 줄지어 달려 있었다. 사람들은 모두 고개를 들고 등을 구경했다. 사람들의 얼굴 위로 등의 색이 내려앉아 어떤 사람에게는 노란빛이, 또 어떤 사람에게는 붉은빛이 드리워졌다.

"너도 이쪽으로 와."

영초가 서 있는 쪽으로 가려는데 마당 옆으로 난 작은 문을 통해 청파와 염가 주인이 지나가는 것이 보였다. 염가 주인의 손에는 하얀색 보자기가 들려 있었는데 보자기 안의 자주색 천이 언뜻 보였다. 열어 보지 않아도 누구의 것인지 알 수 있었다.

"빨리 안 오고 뭐 해?"

붉은 등 아래에 서 있는 영초를 향해 달려가는데 종소리가 계속해서 울려 퍼졌다. 묵직하고 깊게 울리는 소리에 사람들이 동시에 탄성을 지르며 앞마당 석탑 쪽으로 모여들었다. 진한 향냄새가 대웅전 앞마당을 가득 메웠고, 사람들은 다들 어떤 보이지 않는 힘에 자신을 맡기고 싶은지 석탑을 향해 합장하고 기도를 올렸다. 사람들의 바람이 그러하듯 나 역시 모두에게 아무 일도 일어나지 않기를 바랄 뿐이었다.

대웅전 안에서 스님 여러 명이 양손에 하얀색 보자기를 들고 나왔다. 그 보자기 안에는 서적과 여러 제물이 싸여 있다고 했다. 스님들이 하얀 보자기를 풀어 그 안에 있던 것들을 석탑 앞 제단

위에 조심스럽게 올려놓았다. 아기를 다루듯 몹시도 신중하고 조심스러운 모습이었다.

"임금님의 상원사 행차 때 함께 가지고 갈 불교 서적과 제물이래. 아마 저 자주색 천으로 서적을 감싸는 의식이 진행될 거야."

영초가 손으로 가리키는 곳에 곱게 접힌 자주색 천이 충충이 쌓여 있었다. 영초는 어디서 들었는지 쉴 새 없이 아는 바를 이야기했다.

"그런데 군부인께서 좋아하시는 색이라 마음이 좀 그렇다. 임금님도 꼭 알고 계신 것처럼 말이야. 안 그래?"

영초의 눈시울이 붉어졌을 때였다.

"멈추시오! 당장 멈추시오!"

관복을 입은 남자들이 제단 근처로 달려들었다. 의식을 진행하던 스님들이 놀라 물러섰고, 모여 있던 사람들도 웅성거리기 시작했다. 그들 중 한 관료가 스님이 들고 있던 하얀 보자기를 낚아챘다.

"전하께서 주관하시는 지엄한 일에 불순한 의도를 가진 세력이 있다 하니 잠시 수색을 하겠습니다."

스님들이 내려놓은 보자기를 남자들 몇이 달려들어 풀어 헤쳤다. 바닥에 자주색 천이 뒹굴자, 관료들이 그 천을 쥐고 흔들었다. 군부인께서 열과 성을 다해 지초 뿌리를 손질하고 깨끗한 물을 길어 올려 염색한 것들이었다. 저들의 가볍고 어리석은 수작에 어울리지 않는, 더없이 아름답고 단단한 것이었다. 그저 지켜보는 것만으로도 가슴이 헤집어지는 것 같았다.

"이, 이것입니다!"

한 남자가 천 한 조각을 집어 관료에게 전달했다. 관료가 천의 끄트머리에 수놓아진 소나무를 뚫어져라 바라보았다.

"바로 이 소나무입니다. 폐위된 노산군의 환생을 비는 요망한 부적 같은 것입니다."

모여 있던 사람들이 웅성거리자, 주변에 서 있던 남자들이 이를 부추겼다.

"뭐라? 아니 도대체 이런 불경한 것을 누가 어떤 의도로 보냈단 말이냐?"

관료는 천을 거칠게 흔들며 호통을 쳤다. 그 말이 날카로운 칼이 되어 나를 향해 날아들었다. 청파가 입가에 엷은 미소를 띤 채 나를 보며 외쳤다.

"역도가 있는 것이 분명합니다. 누구의 짓인지 알아내야 합니다."

청파가 관료를 향해 거침없이 외쳤다. 청파의 말에 사람들이 주위를 두리번거렸다. 나는 청파가 나를 지목할 것만 같아 고개를 들 수 없었다. 옆에 선 영초도 당황한 듯 얼굴이 붉어져 있었다. 소나무 자수가 군부인의 것임을 누구보다 잘 알고 있는 영초였다.

"누구냐? 아는 자가 있으면 당장 고하거라."

관료가 청파 쪽을 노려보았다. 그때 아무 말 없이 청파 옆에 서 있던 염가 아주머니가 두세 발짝 앞으로 걸어 나오며 손가락으로 우리 쪽을 가리켰다.

"저, 저 아이입니다."

모든 사람의 시선이 내가 서 있는 쪽을 향했다. 이제 내가 벌인 이 일들을 수습해야 할 차례였다. 나는 정신을 똑바로 차리려고 안간힘을 썼다.

"소매에 자줏빛 끝동을 단 여자아이입니다. 저 여자아이가 소나무 자수가 놓인 천을 제게 주며 꼭 이 불사에 올려 달라 청을 하였습니다. 주지 스님께서 백성들이 염색한 천들도 이번 불사에 올리면 좋겠다는 뜻을 밝히셨던 터라 저도 아무 의심 없이 저 아이가 준 것을 받았습니다."

나는 주위를 두리번거렸다. 내 앞에 서 있던 아저씨가 뒤를 돌아보았다. 그러고는 "너구나!"라고 외치며 내 옆에 서 있던 영초의 손목을 붙들었다.

"저년이다! 당장 붙잡아라."

영초는 이 모든 일들이 도대체 무엇인지 알 겨를도 없이 목덜미를 잡혔다. 영초가 축 늘어진 목을 간신히 들어 내 쪽을 바라보았다. 커다란 두 눈에 두려움이 가득했다. 나 때문에 영초가 이런 일을 겪을 줄은 꿈에서라도 상상해 본 적 없었다. 나도 늘 누구에게나 손쉽게 이용당하는 아버지와 별다를 것이 없었다. 당장이라도 나 자신을 불길이 치솟는 방에 던져 버리고 싶었다. 나는 무작정 뛰어가 관료의 다리를 붙잡았다.

"아, 아닙니다! 자, 잘못 알고 계십니다."

"넌 누구냐?"

관료가 내 얼굴을 보고는 인상을 찌푸렸다. 나는 어디서부터 이 일을 설명해야 할지 말문이 막혔다. 말이 되지 못한 것들이 눈물이 되어 흘러내렸다. 청파가 성큼성큼 다가와 관료를 향해 말했다.

"저 계집은 장막수의 여식입니다."

청파는 막수 아저씨를 치기 위해 나를 이용해 영초를 끌어들인 것이었다.

"저 아이의 아비 장막수는 군부인 송씨의 가문이 노산군의 복위를 도모할 때 허드렛일을 하며 송 대감의 뒤를 봐주던 사람입니다. 아직도 군부인을 도와 가며 호시탐탐 기회를 엿보는 자이지요."

"무슨 기회를 엿본단 말인가? 또 이미 그 가문은 모두 화를 당했거늘. 도대체 무슨 힘이 있어 이런 일을 꾸민단 말인가? 이 아이 행색을 보니 양반가 여식도 아닌 것 같은데."

관료가 영초를 위아래로 훑으며 말하자, 청파는 의미심장한 미소를 지었다.

"전하의 안위를 실질적으로 위협할 순 없겠지만 불심에 기대어 어떻게든 해를 입히려고 하는 것입니다. 너무 작아 드러나지 않고 은밀하게 이루어지는 일이 도리어 큰 위험의 불씨가 될 수 있는 법이지요."

청파는 애당초 나와 아버지의 일에는 어떤 관심도 없었던 것이다. 그저 반대 세력인 막수 아저씨를 없애기 위해 나를 이용한 것뿐이었다. 어리석은 나는 옳은 것이니 필요한 것이니 하는 따위에 휩쓸려 모두를 위험에 빠트렸다.

"일단 저 계집이 제 아비와 뜻을 모아 오늘 불사에 불순한 의도로 들어온 것이 확실하니 추궁하여 진실을 밝혀야 합니다."

청파의 말에 관료가 고개를 끄덕였다. 몇몇 주위 사람들이 임금님께서 주관하는 행사에 이 무슨 불경한 일이냐며 저마다 말을 보탰다. 스님들은 말 한마디 못하고 그저 염주만 굴리며 중얼거릴 뿐이었다.

"저 계집의 몸을 뒤져 보아라."

영초의 목을 누르고 있던 남자가 영초의 몸을 샅샅이 훑었다. 영초가 소매에 단 자줏빛 끝동이 남자의 손에 뜯겨 나갔다. 남자가 끝동을 살피더니 큰 소리로 외쳤다.

"여기에 소나무 자수가 있습니다."

관료는 수염을 쓰다듬으며 고약한 표정을 지었다.

"이 계집이 군부인 쪽 사람인 것이 확실하지 않습니까?"

남자는 끝동을 쥐고 허공에 흔들었다. 영초는 그저 벌어지고 있는 일 앞에 입술만 달달 떨고 있었다.

"아니 그래도 너무 나간 거 아냐? 저 어린 계집애가 잘못을 했으면 뭘 얼마나 했으려고."

"맞아. 노산군께서 당하신 일도 가슴 아픈데 이러다 군부인께서 또 한 번 숨통 잡히시진 않을까 걱정이네."

사람들이 혀를 끌끌 차며 안타까워했고, 청파 쪽 사람들만 묘한 미소를 짓고 있었다. 염가 아주머니는 이제야 안도한 듯 숨을 길게 내쉬고 있었다.

"계집애랑 같이 온 저 사내아이는 어떻게 할까요?"

차라리 영초와 같이 붙잡혀 있는 것이 나의 미안한 마음을 갚을 길일지도 몰랐다.

"꼴을 보아하니 뭘 알고 한 말이 아니라 또래라 도와주고 싶어서 그런 듯합니다. 그냥 보내 주시지요."

청파의 엷은 미소를 보자 등 뒤에 소름이 돋았다. 관료는 내게 그만 가 보라며 턱짓을 했다.

"지금 당장 저 계집을 가두고 저 아이의 아비인 장막수라는 자를 끌고 오너라."

영초가 남자의 손에 끌려가며 굳은 얼굴로 나를 보고 있었다. 나는 영초의 그런 얼굴을 처음 보았다.

이 일로 불사는 급히 마무리되었고 사람들이 하나둘 대웅전 마당을 빠져나갔다. 나는 어찌할 바를 모른 채 서 있었고 청파는 내 앞에서 부채를 흔들며 여유를 부렸다.

"나를 원망하는 게로구나."

"그렇습니다."

"그러나 잘 생각해 보거라. 너는 이 일로 손해를 본 것이 아니라 이득을 보았다. 큰 빚을 갚았고, 네가 한 일은 다른 이의 죄가 되었으니 남는 장사가 아니더냐. 사람들은 사사로운 감정에 얽혀 쉽게 갈 수 있는 길도 어렵게 가려 하지. 나는 애초부터 그런 마음가짐이 잘못된 것이라고 생각해 왔다."

얼마 전의 나 또한 청파의 이 말을 믿었다. 하지만 나는 쉬운 길에도 커다란 대가가 따른다는 것을 누구보다 잘 알고 있었다. 나의 선택 때문에 영초를 잃는 건 상상도 할 수 없는 일이었다.

"저를 이렇게 보내 주셔서 감사하다는 말씀은 드리지 않겠습니다. 나리 역시 쉬운 선택을 하신 것이니까요."

나는 고개를 꾸벅 숙였다. 청파에게 예를 갖추는 것은 이번이 마지막이 될 것이라고 다짐했다.

"너를 봐서 저 계집아이는 제 아비가 오면 얼마 후 풀어 주겠다. 어차피 장막수를 끌어들이기 위한 덫이었으니까."

청파가 도포 자락을 힘차게 내리치며 돌아섰다. 오랜 동무였던 두 사람은 왜 이렇게 멀어진 것일까. 나랏일, 지체 높은 사람들의 힘겨루기, 왕실의 법도…. 오로지 그런 것들 때문일까? 그따위

것들 때문에 영초를 잃을 수는 없었다. 또 나에게 따스한 손길을 내어 준 군부인을 위험에 빠뜨리고 싶진 않았다. 끌려가던 영초의 눈빛을 떠올리며 나는 우리가 막수 아저씨와 청파가 갔던 길을 걷게 될까 두려웠다.

"또 뵙겠습니다. 나리."

내 인사에 청파가 뒤를 돌아보았다. 나는 그와 눈을 짧게 마주치고는 그대로 절 밖을 향해 달음박질쳤다. 사람들 사이를 비집고 나는 앞으로 계속 달려 나갔다. 나에겐 아직 꺼내 놓지 않은 패가 있었다.

자줏빛 끝동의 비밀

혹시 뒤를 따라붙는 사람이 있을까 싶어 허리도 펴지 못한 채 숨을 헐떡이며 내가 달려온 곳은 군부인의 집 앞이었다. 이미 깊은 어둠이 모든 것을 잠재운 듯 보였지만 아니었다. 풀벌레가 우는 소리, 저 멀리서 개가 컹컹 짖는 소리, 풀이 바람에 스치는 소리, 잔가지가 흔들리는 소리. 그뿐만이 아니었다. 하늘을 올려다 봤을 때 별빛이 끝도 없이 땅으로 쏟아지는 소리가 들렸다. 뾰족한 별의 조각들이 만들어 내는 소리가 내 얼굴 위로 후드득 떨어졌다. 눈이 시리고, 이마가 뜨거워지고, 얼굴에서는 땀과 범벅이 된 진물이 흘러내렸다. 아픈 것이 당연했다. 하지만 영초가 겪고 있을 고초에 비하면 이것은 아무 일도 아니었다. 예상치 못한 일이었으나 꼭 해결해야 했다. 눈물이 뚝 떨어지려는 찰나, 깜깜했던 군부인의 방 안에서 인기척이 났다.

"밖에 누구요?"

군부인의 작은 떨림 하나까지 문밖으로 흘러나왔다.

"단오입니다."

조심스럽게 문이 조금 열렸고, 잔뜩 긴장된 군부인의 둥그스름한 얼굴이 별빛에 비춰 모습을 드러냈다. 나는 내 뒤를 따라붙은 자가 있을까 싶어 주위를 둘러본 후 방 안으로 들어갔다. 우리는 방에 불도 켜지 못한 채 서로를 마주 보고 앉았다.

"어찌 되었느냐? 별일은 없었느냐? 해가 지기 전엔 네가 올 줄 알았는데 너무 늦어져 그저 가슴만 졸이고 있었단다."

군부인의 초조한 마음이 말 한 마디 한 마디에 그대로 전해졌다.

"영초가… 관아에 잡혀갔습니다. 막수 아저씨를 잡기 위해서 덫을 친 것 같아요."

담담하게 이야기하려 했지만 영초가 겪을 고초를 생각하니 눈물이 뚝뚝 흘러내렸다. 군부인과 나의 무거운 마음이 짙은 어둠 속을 파고들었다.

"영초가 자줏빛 끝동을 소매에 달고 있었어요. 거기다 소나무 자수가 수놓아져 있으니 더 좋은 구실이 된 것 같습니다."

"그랬구나. 어떻게든 명분은 만들면 되는 일이니…. 그 사람들에게 그런 건 아주 쉬운 일이지."

일이 커질 것을 미리 예상했다고 해서 다가올 일에 대한 두려움이 사라지는 것은 아니었다.

"그래. 기억났어. 며칠 전 내가 염색 천 위에 자수 연습을 하다가 잠시 우물가에 간 날, 영초가 다녀갔다고 옥주한테 들었어. 내 방 청소를 하러 들어간 영초가 연습만 하고 버리기엔 아깝다며 채소 가게 아낙들과 나눠 가지겠다고 몇 가지를 들고 나간 걸 봤다고 했다."

작은 자투리도 소중히 여기는 마음이, 작고 여린 그 마음씨가 영초의 뒷덜미를 잡을 줄은 아무도 몰랐다.

"일단 사람들이 며칠 안에 이곳에 들이닥칠 것 같으니 마음의 준비를 단단히 해 두세요."

군부인은 어둠 속에서 조용히 고개를 끄덕였다.

"그동안 많은 일을 겪어 왔는데도, 그런 준비를 한다는 건 여전히 괴롭고 아픈 일이구나. 그래도 네가 있어 나는 더없이 고맙고 든든해."

떨리는 군부인의 마음이 내 마음을 더 굳건하게 붙잡아 주고 있었다. 두려움이 아닌 올바름으로 나아가고 있음을 굳게 믿었다. 나는 천을 몰래 가져가기 위해 군부인의 집에 들렀던 그날을 떠올렸다.

분명 인기척이었다. 어둠 속에서 겁에 잔뜩 질린 채 속삭이듯 내 이름을 부른 사람은 군부인이었다.

"단오야, 단오야."

나는 아무것도 듣지 못한 척 조용히 밖으로 나갈 수밖에 없었다. 집에 돌아온 나는 동이 틀 때까지 잠을 이룰 수 없었다. 생각해야 했다. 내 잘못과 필요가 촘촘히 엮인 이 과정에서 누구도 상처받기를 원하지 않았다. 옳은 것과 필요한 것 사이에 내가 놓치고 있는 것이 무엇인지 고민했다. 하지만 쉽게 방법을 찾을 수 없었다.

청파에게 주기로 한 천이 다 모이지 않았기에 나는 어쩔 수 없이 다시 군부인의 집에 가야만 했다. 다행인지 불행인지 마당 안에는 아무도 없었고 나는 모든 것을 포기한 상태로 천을 끌어 내렸다. 천을 끌어안고 집을 나서는데 천 사이에 무언가 끼워져 있다는 걸 알았다. 서찰이었다. 서찰 위에 가지런히 적힌 내 이름을 보는 순간 가슴이 멎는 것 같았다.

며칠 전 염가에 들렀는데 주인이 보이질 않더구나. 잠시 구경하고 있는데 가게 안에서 사람들이 하는 이야기가 어렴풋이 들렸다. 자세히 들을 순 없었지만 이번 불사에 나를 끌어들일 계획인 것 같았다. 내가 염색한 천을 가져다 이용할 것이라는 말을 듣고 나는 더 이상 거기 서 있을 수가 없었다. 황급히 나와 근처에 숨어 있는데 안에서 이야기를 마친 사람들이 나오는 걸 보았어. 여인 한 명과 남자 두 명이었는데 그중 한 남자는 한쪽 눈에 안대를 하고 있었고, 그 옆에 서 있던 남자의 바지저고리에 군데군데 빨간 물이 들어 있었어. 분명 네가 우리 집에 처

116

음 온 날 왈패들에게 끼얹은 그 홍화 꽃물이라고 확신했단다.

그날 이후로 군부인은 마당에 걸어 놓은 천이 없어지는 걸 알게 되었고, 누가 벌이는 일인지 알기 위해 밤새 마당을 지켰다고 했다.

"그 사람이 바로 단오 너라는 걸 알고 많이 놀랐다. 너는 그런 일을 벌일 사람이 아닌데 왜 그랬을까. 내가 불러도 너는 뒤도 돌아보지 않고 가 버려서 더 많이 걱정됐단다. 너와 이야기를 해야겠다고 생각했어. 내가 끼워 둔 서찰을 네가 읽게 되어서 다행이었단다."

얼굴을 들 수 없었다. 내 흉한 몰골을 보이기 싫었던 때와는 또 다른 이유였다.

"그러다 네가 놓고 간 지초 뿌리 사이에 답장이 있는 걸 보았지. 그걸 읽고 나는 정신을 똑바로 차리려고 갖은 애를 썼단다."

나는 군부인의 서찰 안에서 해답을 찾을 수 있을까 싶어 몇 번이고 반복해서 읽었다. 내가 놓치고 있는 것이 무엇인지 고민했다. 고민이 깊어질수록 얻게 되는 결론은 단 하나였다. 누군가를 곤경에 빠트리면서 내가 필요한 것을 얻을 수는 없다는 것. 그런 방법을 쓰지 않고 내가 옳다고 여기는 것을 지키고 필요한 것을 얻고 싶었다. 옳지 못한 방법을 배워 가며 살고 싶지 않았다.

"네가 계획한 대로 준비하느라 애썼는데, 영초가 이런 곤경에

처하다니. 도대체 이 일이 어떻게 되려고 이러는 건지 걱정스럽구
나. 자칫하면 또 피바람이 불 수 있단다. 노산군께서 그리 가신
마당에 누군가가 또다시 희생되는 것을 볼 수는 없는데 이 일을
어쩌면 좋니."

나 역시 마찬가지였다. 영초뿐 아니라 막수 아저씨도 걱정되었
다. 나를 살려 준 은인이었지만 내 불행의 시작이 아저씨라고 생
각해 왔다. 아저씨를 볼 때마다 나는 부끄러웠고 숨고만 싶었다.
하지만 아저씨가 위험에 처하는 것을 원하지 않았다. 나는 내가
가진 패가 이 모든 일들을 다시 제자리로 돌려놓을 수 있을지 점
점 자신이 없어졌다. 무거워지는 마음 위로 눈물이 뚝뚝 떨어졌
다. 작은 눈물 한 방울도 감당하지 못하는 내가 감히 청파와 맞
설 수 있을까? 그때 군부인이 손을 뻗어 내 뺨 위로 흐르는 눈물
을 닦아 주었다.

"단오야, 누군가의 수단이 되어 살면 언젠가 세상 모두를 미워
하게 된단다. 너는 네 자신의 씨앗이 되어야 해. 너의 싹을 스스
로 틔워야 해."

군부인의 손이 포근한 흙처럼 내 흉터를 덮어 주었다.

"노산군께서 가지고 계셨던 씨앗은 싹을 틔워 보지도 못하고
이 세상에서 사라졌단다. 하지만 그분의 삶이 다 끝났다고 생각
하진 않아. 비슷한 아픔과 시련을 겪은 사람들이 그 뜻을 새로이
이어 줄 것이라고 나는 믿는다. 그 일을 단오 네가 시작해 주기를

바라."

내가 가진 씨앗이 무엇인지 여전히 확신할 수 없었다. 하지만 예전처럼 막막하진 않았다. 나는 나를 짓밟지 않고, 북돋워 주는 소중한 사람들과 함께 있었다. 나도 그들에게 그런 사람이 되어야 마땅했다.

집 마당에는 온갖 잡동사니가 죄다 깨지고 부서져 나뒹굴고 있었고, 겁에 질린 동생들이 근처에 서 있었다. 영목이 형이 웃통을 다 벗고 씩씩거리며 나를 노려보고 있었다.

"이 버러지만도 못한 놈! 감히 네가 내 동생과 아버지를 위험에 빠뜨려?"

영목이 형이 커다란 막대기를 들고 내게 달려들자, 겸오가 한달음에 달려가 영목이 형의 한쪽 다리를 붙잡고 늘어졌다. 영목이 형이 그대로 바닥에 나동그라졌다. 평소 기세등등하던 영목이 형이 바닥에 엎드려 산짐승처럼 울며 발버둥 쳤다. 천하의 영목이 형도 제 동생과 아버지를 소중히 여기는 것은 매한가지였다. 영목이 형이 벌떡 일어나 나를 쓰러트렸다. 커다란 주먹이 내 코앞에서 멈췄다.

"다 너 때문이야. 아버지도 잡혀가셨어. 일이 잘못될 거라는 소문이 파다해. 나는 너를 가만두지 않을 거야. 절대로!"

부들부들 떨리는 영목이 형의 주먹을 보는 것이 이토록 가슴

시릴 일이었던가. 가족이란 그런 것이었다. 하물며 나에게도 그랬다. 부모님은 나를 지켜 주지 못했어도 나는 부모님을 내버려둘 수 없었다. 가끔은 나를 부담스럽게 하는 동생들이지만, 그 아이들에게까지 상처를 주고 싶진 않았다. 그리고 영초 역시 나에게 가족과도 같은 아이였다. 그러니 나도 영초를 지켜야 했다. 영목이 형이 비틀거리며 내 몸 위로 쓰러졌다. 겸오가 달려와 나와 영목이 형 사이를 비집었다.

"차라리 날 때려. 우리 형 때리지 말고 나를 때려."

우리 셋은 한데 엉켜 엉엉 울었다. 다른 듯 같은 저마다의 것들이 뒤엉켜 있었다.

이틀 후, 나를 호동이 아저씨가 집으로 찾아왔다.

"청파 나리가 널 부르신다."

내가 딴청을 피우자 커다란 손이 내 목덜미를 짓눌렀다.

"뭘 모르는 척이야. 네가 거든 일이 어찌 되어 가는지 궁금하지도 않냐?"

옆에 있던 겸오가 어떤 불길함을 느꼈는지 나를 꼭 끌어안았다.

"아저씨! 우리 형 놔줘요."

호동이 아저씨가 겸오를 떼어 내며 상스러운 욕을 내뱉었다.

"형, 빨리 도망가. 그냥 도망가서 살아."

내가 도망가지 않기를 바라면서도 그 누구보다 내가 도망가기를 바란 사람은 겸오였다. 도망치고 싶었던 내 마음을 가장 먼저 알아준 사람도 겸오였다.

"그래. 도망갈게. 하지만 그 전에 꼭 해결해야 할 일이 있어."

나는 겸오를 간신히 호동이 아저씨에게서 떼어 내고 집을 나섰다. 등 뒤에서 들리는 겸오의 울음소리가 점점 멀어졌다.

"아무렴, 동무보다야 가족이 먼저지. 나도 가족이 먼저라 이렇게 볼 꼴, 못 볼 꼴 다 보고 사는 거 아니겠냐."

눈꼬리가 처진 채 히죽거리는 그의 말에서 묘한 이질감이 느껴졌다. 그럴싸한 말로 포장한 그의 본성을 나는 마주한 적이 있었다. 청파가 그의 이름을 알려 준 날, 나는 그가 군부인의 방문 앞에서 보여 준 남부끄러운 짓을 떠올렸다.

"아저씨는 옷이 이거 한 벌뿐이에요?"

그가 내 말을 못 들었는지 뒤를 돌아보며 "뭐?"라고 물었다. 그의 옷에 물든 홍화 꽃물은 그가 어떤 삶을 사는 사람인지 여실히 보여 주고 있었다. 이제 청파가 어떤 사람인지 보여 줄 차례였다. 나는 불안하고 떨려도 피하지 않겠노라 마음먹었다. 궂은 날씨는 이 일의 씨앗이 언젠가 맞닥뜨려야 할 문제였다. 이 날씨를 견뎌 내면 부디 정직하게 피어난 새싹을 볼 수 있기를 간절히 바랐다.

영초와 막수 아저씨는 포도청 앞마당에 무릎을 꿇고 앉아 있었다. 불사가 열린 날 보았던 관료와 스님들 그리고 청파와 상단 사람들이 그 주위를 에워싸고 있었다. 청파와 한패인 염가 아주머니 또한 굳은 얼굴로 그들과 함께 서 있었다.

영초는 고개를 숙인 채 앉아 있었고 막수 아저씨는 정면을 응시하고 있었다. 끝동이 떨어져 나간 소매 끝을 붙잡고 있는 영초의 모습에 가슴이 시렸다. 불사가 열린 날, 손목을 하늘 높이 올려 자줏빛 끝동을 자랑하던 영초와는 전혀 다른 모습이었다.

"보십시오. 이 소나무 자수가 의미하는 것이 무엇이겠습니까? 청령포에 유배되었던 노산군을 기억하고 그의 혼을 불러들이기 위함이 아닙니까? 불순한 의도로 전하의 불심을 더럽히려는 수작입니다."

한 남자가 목소리를 높여 분위기를 띄웠는데, 나는 그가 송현 나루터에서 청파와 귓속말을 나누는 것을 본 적이 있었다. 모두가 한 패거리였다. 도대체 이들이 그토록 중요하다 여기는 것은 무엇일까? 없는 죄를 뒤집어씌워 반대파를 처단하는 것일까? 아무리 먹고살기 힘들어 삶의 의욕을 잃었다 하나, 자식을 불길에 던져 놓는 것이 최선이었을까?

"미신이라고는 하나 두 번 다시 벌어져서는 안 될 일이 분명합니다. 조정에서 이 일을 알게 되실까 두렵습니다."

권력을 방패 삼아 하는 말이었다. 사람보다 자신의 잇속이 앞서는 것이 잔인했다.

"어제 군부인 송씨 집을 수색했다 들었는데 어찌 되었소?"

관료의 말에 남자 몇이 손에 자주색 천을 한 아름 안고 나타났다. 어제 군부인의 집에 사람들이 들이닥쳐 천이란 천은 모조리 다 가져갔다는 옥주의 말을 전해 들었다.

"예. 이것입니다."

관료는 천을 거칠게 휘어잡고는 이리저리 살펴보았다. 자수 모양을 하나하나 살펴보는 듯했다.

"소나무 자수만 있는 것은 아닙니다. 어떤 것은 물고기, 거울, 댕기, 복조리…"

관료가 듣기 싫다는 듯 손을 저었다.

"필시 상황을 알고 수를 쓴 것입니다."

청파가 거드는 말을 나는 묵묵히 듣고만 있었다. 관료가 뭔가 골똘히 생각하며 다음 단계를 고민하는 듯했다.

"송씨는 아직 당도하지 않은 게냐?"

그의 말이 끝나기가 무섭게 마당으로 들어오는 문 쪽에 작은 소란이 일어 뒤를 돌아보았다. 모두의 시선이 모인 곳에 군부인이 있었다. 군부인은 모든 불안을 꾹꾹 눌러 밟으며 마당 안으로 들어오고 있었다. 모두가 보는 앞에서 군부인에게 망신을 주려는 의도였다. 저들의 잔인함은 자신들이 지키려는 명분마저 흐리게 만들고 있었다.

"어서 오십시오. 어려운 걸음을 해 주셨습니다."

관료는 예를 갖추는 듯하면서도 사람을 기분 나쁘게 만드는
방법을 잘 알고 있었다.

"예. 세상으로부터 잊혔으면 하는 사람을 이리 불러 주시다니
요. 그 덕분에 세상 구경하며 오느라 조금 늦었습니다."

군부인의 품위와 기개에 나는 또 한 번 마음을 다잡았다.

"이미 들으셨겠습니다만, 장막수 저자의 일가가 군부인과 손잡
고 모종의 일을 꾸몄다는 말이 돌아, 조사차 무리한 부탁을 드렸
습니다. 양해해 주시지요."

"전혀 불편하지 않으니 편하게 말씀하시지요."

흐트러짐 없는 군부인의 언행에 관료가 이마를 살짝 찡그렸다.

"직접 소나무 자수를 놓은 염색 천을 저기 있는 장막수의 여식
에게 주셨는지요. 소나무라 함은 노산군을 뜻한다고 합니다."

군부인의 입가에 엷은 미소를 지었다.

"누구의 말이 그렇습니까? 혹시 저 사람들입니까?"

군부인은 청파 상단 쪽을 가리켰다. 청파가 이에 아랑곳하지
않고 한쪽 눈을 당당하게 뜨고 있었다.

"그것은 저의 자수가 아닙니다. 당연히 저 여자아이가 제 천을
가지고 간 일도 없습니다."

군부인의 손이 나를 가리켰다.

"제 천을 가져간 아이는 바로 저 아이입니다."

사람들이 술렁였고, 영초와 막수 아저씨는 복잡한 얼굴로 나

를 바라보았다. 이제 이 일의 해결은 나에게 달렸다.

"저 아이의 아비가 청파 상단에 큰 빚을 졌는데, 어찌 된 일인지 송현 나루터에서 청파 상단의 조력으로 지초를 팔아 돈을 벌고 있다고 들었습니다. 상단의 우두머리인 청파와 관련이 있다고 들었는데 한번 확인해 보시지요."

관료는 당황하며 공연한 헛기침만 연거푸 할 뿐이었다. 청파의 한쪽 눈이 빠르게 굴러가는 소리가 들렸다.

"아닙니다. 송씨가 지목한 저 아이와 저는 전혀 모르는 사이입니다. 제가 무엇이 아쉬워 저런 아이와 인연을 맺는단 말입니까. 저 아이의 아비가 누구인지도 저는 모릅니다. 어린아이를 앞세워 발뺌하려는 송씨의 형편이 안타까울 뿐입니다."

관료는 청파의 말을 들으며 턱수염을 쓰다듬었다.

"또한 이 천이 누구의 손을 거쳐 이 제단에 올라왔는지와 상관없이, 소나무 자수를 놓은 것은 군부인 송씨입니다. 그런 자수를 놓는다는 것 자체가 충분히 의심을 살 행동입니다. 게다가 폐위된 신분이 아닙니까."

청파가 거리낌 없이 목소리를 높였다. 자신이 원하는 바가 있다면 한 치의 흐트러짐 없이 말해야 한다는 것, 그래야 바람을 이룰 수 있다고 내게 조언해 준 건 청파였다. 내가 가진 유일한 '패'는 바로 청파의 그 가르침이었다.

"아닙니다. 저 자수는 군부인의 것이 아닙니다."

내 목소리가 마당의 한가운데를 뚫고 지나갔다.

"천에 소나무 자수를 놓은 사람은 바로 저 사람입니다!"

나는 손가락을 뻗어 한 사람을 가리켰다. 어딘지 불안한 모습으로 계속해서 왼손으로 치맛자락을 꼬아 대고 있는 사람, 바로 염가 주인이었다. 뜻밖의 지목에 놀란 염가 주인은 놀란 듯 두 눈이 동그래지더니 갑자기 딸꾹질을 했다.

나는 제단 쪽으로 걸어가 소나무 자수가 놓인 천을 뒤집었다. 그리고 어제 군부인의 집에서 가져왔다는 천 하나를 뒤집었다.

"자, 이 두 천에 놓인 자수의 매듭을 확인해 보십시오."

관료는 내가 시키는 대로 매듭을 뚫어져라 쳐다보았다. 청파 역시 의심스러운 얼굴로 자수 매듭을 확인했다. 그리고 이제야 알겠다는 듯 한쪽 눈썹을 치켜올렸다. 그의 당황한 눈빛이 염가 주인을 향했다. 염가 주인이 허둥대며 다가와 매듭을 살폈다. 관료가 청파를 향해 어서 답을 해 보라며 채근했지만 청파는 입을 다물었다.

"제단에 올라온 자수는 저 염가 주인이 놓은 것입니다. 군부인은 오른손잡이고, 염가 주인은 왼손잡이입니다. 소나무 자수의 바느질은 방향과 매듭이 모두 왼쪽에서 오른쪽으로 이어집니다. 또한 매듭이 모두 왼쪽에서 시작됩니다. 하지만 어제 군부인의 집에서 가져왔다는 자수를 보십시오. 이것과 완전히 반대입니다. 다른 천들을 확인해 보셔도 모두 마찬가지입니다."

며칠 전, 군부인께 드렸던 서찰에는 내가 처한 상황과 함께 이를 해결하기 위해 고민한 나의 작은 계획이 적혀 있었다. 앞으로 내가 몰래 가져갈 염색 천의 끄트머리에 소나무 자수를 놓되, 모든 바느질은 왼손잡이의 것이어야 한다는 내용이었다. 그 작은 표식이 우리를 지켜 주기에 충분한 것인지 확신할 수 없었지만, 커다란 생명도 작은 씨앗에서 시작된다는 것을 우리는 알고 있었다.

관료는 내 말을 듣고도 청파가 아무런 대꾸를 하지 못하자 당황한 듯했다.

"너는 도대체 누구이기에 이 일에 대해 깊이 알고 있는 것이냐? 보아하니 천한 신분 같은데."

"저는 청파 나리의 도움으로 송현 나루터에서 장사를 하고 있습니다. 어느 날 청파 나리가 제게 군부인께서 염색한 천을 몰래 가져오라고 하였습니다. 그래야 제 아비가 진 빚을 탕감해 준다고 했기에 저는 군부인의 집에서 몰래 천을 훔쳐 와 가져다드렸습니다. 물론 제가 갖다드린 천에는 아무런 자수도 놓여 있지 않았습니다."

관료가 끙 소리를 내며 청파를 흘겨보았다. 나는 그 틈을 놓치지 않고 염가 주인에게 다가가 그의 왼손을 높이 들어 올렸다.

"왼손에 박힌 굳은살을 보십시오. 이것은 분명한 사실입니다. 게다가 저는 염가 주인이 청파의 집에 드나드는 것을 목격한 적도 있습니다. 또한 중요한 사실 하나가 더 있습니다. 지방에서 이름 없이 염색 일을 하던 이 아주머니는 이번에 새로 도성에 들어와 큰 가게를 차렸습니다. 청파 상단이라는 뒷배가 없었다면 불가능한 일이라고 들었습니다. 뒷배를 도와 이런 일을 꾸민 것이 아닌지 확인해 보셔야 합니다."

아연실색한 염가 주인은 금방이라도 자빠질 듯 휘청거렸다. 청파는 꼿꼿이 서서 나를 보고 있었지만 하나 남은 그의 눈동자가 미세하게 떨리고 있다는 것을 나는 알 수 있었다.

"너 혼자 주장하는 말을 다 믿을 수는 없다."

관료는 어떻게든 이 일을 자신들이 원하는 방향으로 끌고 가려 했다.

"아닙니다. 군부인께는 아무런 죄가 없습니다."

나 역시 물러설 수 없었다. 하지만 보잘것없는 내가 외치는 이 말이 군부인께 힘이 될 수 있을까? 나는 진심으로 누군가를 돕고 싶다는 마음을 느꼈다. 연민이라 해도 좋고, 동정이라 해도 상관없었다. 그때였다. 한 무리의 아주머니들이 성큼성큼 걸어 들어왔다. 그들은 모두 자줏빛 끝동과 자줏빛 고름을 매달고 있었다.

"여기도 보십시오."

여인들의 채소 가게에서 본 정화 아주머니가 당당한 모습으로 관료들 앞에 섰다.

"저희는 군부인을 돕기 위해 채소 가게를 열고 있는 아낙들입니다. 저희 소매에 달린 자줏빛 끝동을 보십시오. 여기에 저마다 작은 자수가 있습니다. 군부인께서 미천한 저희에게 무엇을 좋아하느냐고 일일이 물어보시고, 각자가 원하는 것을 직접 수놓아 주셨습니다. 저희 끝동에 놓인 자수는 매듭이 모두 오른쪽에서 시작합니다."

아주머니들이 저마다 자신들의 소매에 놓인 수를 확인해 보라며 관료와 청파를 향해 다가갔다. 누군가를 진심으로 위하기에 낼 수 있는 용기였다. 난처해진 둘은 뒷걸음질을 쳤다. 청파의 입아귀가 볼썽사납게 굳어졌다. 아주머니들이 소란을 피워 대자 관료가 청파에게 불쑥 화를 내고는 자리를 떴다. 염가 주인은 순식간에 아주머니들에게 둘러싸였고, 알맹이도 없는 해명을 하느라 혼이 빠진 얼굴이 되어 버렸다. 청파는 그사이에 샛길로 빠져나갔다. 나는 이 혼란 속에서 그와 한 번은 대면해야 할 일이 있었다. 그를 뒤쫓아 가려는데 군부인이 내 팔을 붙들었다.

"단오야, 꼭 그와 맞서야겠니? 굳이 저자와 일을 만들어 네가 다치는 것을 보고 싶지 않구나."

군부인의 목소리는 조금 전의 기개를 찾을 수 없을 만큼 떨렸다. 누군가의 앞에서 말이 떨린다면 그것은 군부인께서 알려 주신 것처럼 진심을 다해 말하고 있기 때문일 것이다.

"걱정 마십시오. 금방 돌아오겠습니다."

이제 다시는 도망가지 않을 것이다. 씨앗은 돌아가는 법이 없다.

청파의 뒤를 얼마나 쫓았을까. 이미 청파가 포도청을 빠져나간 것은 아닐까 하는 생각이 들 때쯤 모퉁이에서 청파가 모습을 드러냈다.

"내 뒤를 따라올 줄 알았다."

그가 나를 보며 씩 웃었다.

"너는 나의 예상을 빗나가지 않는구나."

"제가 나리를 칠 것을 알고 계셨다는 것입니까?"

"내 의중이 뭐가 중하더냐. 중요한 건 네가 거쳐 온 과정에 있는 것이거늘."

청파가 안대를 벗고 내게 가까이 다가왔다.

"그저 너를 시험해 보고 싶었다. 어차피 너 따위를 끼워 넣지 않고도 일을 도모할 수 있었으니까. 물론 지금도 이 상황을 뒤집을 수 있는 묘안이 내게는 열두 가지도 넘는다."

청파는 충분히 그럴 수 있는 사람이었다. 그의 움푹 팬 한쪽 눈이 움찔거렸다. 나는 그가 나를 시험해 보고 싶었단 말은 무슨 뜻인지 궁금했다.

"왜 너를 시험해 보고 싶었는지 알고 싶으냐?"

청파는 내 속을 훤히 꿰뚫어 보았다.

"막수와 내가 등을 돌리면서까지 지키려고 했던 건 무엇이라고 생각하느냐? 나는 빼앗는 편에 섰고, 막수는 지키는 편에 섰다. 나는 필요한 것이 있었고, 막수는 그 일이 옳다고 생각했기 때문이지. 하지만 나는 여러 사람의 피를 손에 묻혀야 했고, 막수는 한 어린아이의 죽음을 막지 못했다. 나는 늘 이 싸움에 승자도 패자도 없다고 생각해 왔다."

어린아이란 노산군을 일컫는 말이었다. 청파가 그 일을 직접 거론하는 것이 의아했다. 게다가 왕권을 찬탈한 세력이 결국은 승자가 아니란 말도 뜻밖이었다.

"그 일이 저와 어떤 관련이 있습니까?"

청파가 고개를 젖히고 껄껄 웃었다.

"너는 옳은 것과 필요한 것을 두고 고민하지 않았느냐? 그런데 어찌하여 상관이 없지?"

청파의 말은 나를 집중하게 만드는 묘한 매력이 있었다. 두 가지를 모두 저버릴 수 없었던 지난 시간이 떠올랐다. 딱 잘라 하나를 선택할 수 없었던 건 아무리 미워해도 도저히 미워할 수만은 없었던 부모님, 내게 조건 없는 온기를 불어넣어 주는 영초와 군부인 중 그 누구도 다치게 하고 싶지 않았기 때문이었다.

"너는 어느 한쪽에 치우치지 않고 결론에 이르는 과정이 얼마나 중요한지 스스로 증명해 주었다. 결국 네 가족도 살리고 막역한 동무와 군부인까지 구하지 않았느냐. 또한 나를 곤란하게 했으니 말이다. 네까짓 게 도대체 뭐라고. 허허허."

이런 말을 들으면서도 이상하게 그가 나를 깔본다는 느낌은 들지 않았다.

"옳은 것과 필요한 것들은 시간이 지나면 변하기 마련이다. 지금은 필요했던 것이 시간이 지나면 별것 아니게 되고, 지금 옳다고 믿었던 것도 언젠가 그른 일이 될 수 있지. 하지만 이 두 가지를 이루기 위해 내가 밟았던 과정은 변하지 않는다. 중요한 건 바로 그 과정에 있다는 걸 나는 너무 늦게 알게 되었어."

청파의 진솔한 고백이 우리 두 사람 사이의 공기를 한층 더 묵직하게 만들었다.

"너는 나와 막수가 네 나이에 찾지 못한 것을 찾았다. 내가 너를 통해 보고 싶었던 것을 너는 보여 주었어. 그러니 이번 일은 나에게도 그리 나쁘지만은 않은 일이 되었다."

청파는 오히려 나를 인정해 주고 있었다. 하지만 그의 말을 모두 이해할 수는 없었다.

"왜 저에게 자꾸만 가르침을 주시는 겁니까?"

전부터 묻고 싶었던 질문이었지만 섣불리 묻지 못할 만큼 청파는 내게 어려운 존재였다.

"나는 네 나이일 즈음에 한쪽 눈을 잃었다. 동병상련이라는 말을 싫어하지만 너에게 그런 감정을 느꼈던 것 같다. 너에 관해 알아볼수록 너는 나와 비슷한 점이 많았지. 너를 동정했다고는 생각하지 말거라. 나도 너처럼 그런 동정이 무척 싫은 사람이니까."

청파의 움푹 팬 왼쪽 눈이 쪼그라졌는데, 그는 분명 두 눈으로 웃고 있었다.

포도청 마당으로 돌아와 보니 영초와 막수 아저씨와 영목이 형이 서로 끌어안고 눈물을 흘리고 있었다.

나는 죄스러운 마음에 영초에게 다가가지도 못하고 망설여야 했다. 영초는 내가 가까이 와 있다는 걸 알면서 나를 쳐다보지 않았다. 막수 아저씨도 복잡한 얼굴인 건 마찬가지였다.

"다시는 저놈의 집구석과 상종도 하지 말아요. 내가 다 찜찜한 구석이 있어서 저놈을 싫어했던 거라고요."

영목이 형은 자신이 옳다고 믿는 말을 할 뿐이었다. 나는 이제 영목이 형을 온전히 이해할 수 있을 것 같았다. 하지만 영초의 작은 등은 내 마음을 더없이 복잡하게 했다. 항상 나를 좋아해 주었던 영초에게 큰 상처를 주고 말았다. 영초를 업은 영목이 형과 막수 아저씨가 아무 말 없이 마당을 빠져나갔다. 마음이 씁쓸했지만 청파가 말했듯 나에게 더없이 소중한 사람들을 위해서 이제 내가 해야 할 일이 무엇인지, 그 과정이 어떠해야 하는지를 찾는 것 또한 나의 몫임을 깨달았다.

"얘! 나 좀 봐."

자줏빛 끝동을 매단 아주머니가 오도카니 서 있는 나를 불렀다.

"군부인께서는 여기에 계시면 사람들에게 누가 될 거라고 하시며 처소로 가셨어. 먼저 간다는 말을 너에게 전해 달라고 하시더구나."

군부인은 모두를 생각하며, 모두를 지키기 위해 온 힘을 쓰고 계셨다.

"어리고 여린 목숨 하나를 지키지 못한 죗값을 치르며 매일매일 살아가고 있단다."

어두운 방 안에서 군부인이 내게 해 주셨던 말씀은 두고두고 내 마음속 깊고 어두운 구석을 밝히는 별이 되었다. 그 누구보다 내가 나를 먼저 지키기를 바란 군부인의 진심이었다. 너무 멀어 희미했던 별이 그 누구도 아닌 내 마음을 아프게 또 뜨겁게 찔렀다. 눈물이 뺨을 타고 흘러내렸다. 아직 군부인께 내 잘못에 대해 제대로 용서조차 구하지 못했다는 것을 깨달았다.

며칠 후 걱정스러운 마음에 군부인의 집으로 찾아갔다. 앞마당 평상에 옥주가 힘없이 앉아 있다가 나를 보고는 양팔로 막아섰다.

"안 돼. 들어오지 마."

옥주가 고개를 저었다.

"이번 일로 여러 사람이 곤란을 겪었으니 얼마나 마음이 복잡하시겠어. 괜히 너랑 영초까지 엮여서 얼마나 고통스러워하셨는지 몰라. 어제 막수 아저씨가 곧 마을을 떠나신다며 인사차 오셨는데 마마께서 만나지 않겠다고 하셨어. 괜히 더 여러 사람에게 피해를 주는 것 같다고 이제 홀로 조용히 지내시겠다고 하니 그 뜻을 지켜 드려야 해."

군부인의 진심이 무엇인지 너무 잘 알기에 나는 뒤돌아설 수밖에 없었다. 죄스러운 마음과 함께 군부인께서 내게 원했던 것이 무엇인지 뒤늦게 깨달은 나의 어리석음이 부끄러웠다. 돌아서는 발걸음이 무거웠지만 나는 이 무거움을 잊지 않기로 마음먹었다. 야트막한 언덕 위에서 한 번 뒤를 돌아보았을 때, 군부인의 방문이 조금 열려 있는 것을 보았다. 아주 작은 틈에서도 자라나는 이름 모를 들풀의 힘을 우리는 잘 알고 있었다.

싹을 틔우기 위하여

영초네 가족이 이 마을을 떠나기로 했다는 소식을 옥주에게 들은 후 나는 며칠을 꼬박 앓아누웠다. 그동안 쌓여 있던 커다란 짐보다 영초를 영영 잃을 것 같은 두려움이 내 마음을 더 무겁게 만들었다.

"형, 일어나. 무슨 잠을 이렇게 오래 자."

보다 못한 겸오가 나를 깨웠다. 너무 오래 잠든 탓인지 어제는 어디에서 끝이 났고, 오늘의 시작은 어디인지 알 수 없을 정도로 정신이 몽롱했다.

"정오는 어딜 갔어?"

한동안 동생들을 돌봐 주지 못했다. 내가 마땅히 해야 할 일임을 알면서도 동생들을 짐이라고 느낀 날이 더 많았다. 내 등의 짐을 어쩌지 못했기에 동생들에게 내어 줄 자리가 없었다. 결국 모든 일은 밖에서부터가 아닌 나에게서 시작되고 또 끝나야 하는 것이었다.

"뒷간 담벼락에 신기한 것이 있다고 형 일어나면 같이 오래."

나는 겸오의 손을 잡고 뒷간 담벼락으로 가 보았다. 담벼락 아래 작은 흙밭에서 정오가 조그마한 등을 들썩이며 즐거움을 감추지 못하고 있었다. 정오는 나를 보고는 두 손바닥을 나비처럼 펼쳐 한 곳을 가리켰다. 구린내 나는 뒷간 담벼락 아래에 홍화가 자라고 있었다. 줄기는 이미 내 집게손가락 두 배만큼 길어져 있었고, 제법 길쭉한 잎사귀들이 하늘을 향해 몸집을 키워 나가고 있었다.

"어머니가 키우고 계셨어. 내가 다 봤어."

나도 본 적이 있었다.

"어머니가 자꾸 이걸 보고 눈물을 닦으시길래 내가 그랬지. 어머니 눈물 먹고 자라면 더 쑥쑥 크냐고. 그랬더니 어머니가 아니라고 그러셨어. 어머니 눈물 먹고 자라면 슬퍼지는 거라고 했어. 어머니는 자식에게 눈물을 주어서는 안 된다고 하셨거든. 그런데 도대체 그게 무슨 말이야?"

정오의 두 눈이 맑게 빛났다. 나는 홍화를 유심히 바라보았다. 한눈에 봐도 튼튼한 줄기와 씩씩한 잎사귀를 갖고 있었다. 눈물과 바람이 키워도 씨앗은 자신이 할 일을 잊지 않는다. 잊을 리가 없다. 내가 씨앗을 좋아하는 이유였다.

여름의 끝을 붙잡으려는지 갑자기 소나기가 세차게 쏟아졌다. 동생들이 내 옆으로 달라붙었다. 나는 팔을 벌려 동생들의 어깨를 감싸안았다. 세찬 빗줄기를 맞으면서도 홍화는 끄떡도 하지 않고 가느다란 줄기를 더 꼿꼿이 세우고 있었다. 비바람을 견디며 마침내 꽃을 피워 낼 것임을 알기에, 그 과정을 아름답게 지켜볼 수 있었다. 두렵지 않았다.

동생들과 마당 쪽으로 나오니 막수 아저씨가 비를 맞으며 서 있었다. 눈치 빠른 겸오가 정오를 데리고 방 안으로 들어갔다. 그 사이 먹구름이 서서히 물러가고 있었다. 비가 잦아들자 아저씨가 나를 뒷간 담벼락 쪽으로 데리고 갔다. 아버지, 어머니와 셋이 싸움을 벌였던 그 자리였다.

"우리는 내일 떠난다. 궁금해할 것 같아 너에게 인사를 하려고 왔단다."

나는 아저씨가 내게 무척 화가 났을 거라고 생각했다. 아저씨를 직접 만나 사과해야겠다고 생각했지만 망설였던 이유이기도 했다.

"영초에게 같이 오자고 했는데 거절하더구나. 어린 마음에 아직 풀지 못한 것이 있어서 그런 것이니 너무 섭섭하게 여기지는 말거라."

아저씨는 나를 다독여 주기 위해 찾아온 듯했다.

"아, 아닙니다. 제가 큰 잘못을 했습니다. 영초와 아저씨를 위험에 빠뜨렸으니까요."

"사람 일이 그렇다. 옳다고 생각했던 일이 하루만 지나도 옳지 못한 일이 되기 쉽지. 듣자 하니 네 아비의 빚을 갚으려다 벌어진 일이라던데…. 너에게도 그럴 만한 이유가 있어 그랬겠지 싶었다."

나는 고개를 떨궜다.

"청파가 암암리에 군부인께 해를 가하려 하는 것을 알고 있던 터라 사실은 내가 먼저 청파를 치려고 했다. 네가 엮여 있지 않았다면 내가 뭐라도 했을 거란 이야기다. 하지만 내가 일을 벌였으면 우리 가족과 군부인께서 더 큰 화를 당하셨을 수도 있겠지. 아직은 내 힘이 청파 그자의 힘만 못하니 말이다. 아무튼 이번 일로 나도 느낀 바가 많았으니 나는 오히려 너에게 고맙단 말을 하고 싶다."

"제게 고맙다니요. 당치도 않습니다. 저 때문에 아저씨와 영초가 큰 고초를 겪었는데요."

막수 아저씨가 숨을 깊게 내쉬었다.

"영초가 이 일에 낀 건 너 때문이 아니라 나 때문이다. 나와 청파의 오랜 악연 때문이지."

아저씨는 청파가 내게 들려주지 않은 이야기를 시작했다.

"그자가 너에게 말을 했는지 모르겠지만 청파의 눈이 그리된 것은 나 때문이다. 청파와 나는 너와 영초처럼 둘도 없는 동무였지. 청파의 동생 청수가 병이 들어 그 애를 고치려면 돈이 필요했다. 청파는 마을 부자에게 찾아가 돈을 빌려 달라고 사정했지. 부자는 미리 돈을 빌려주고 청파에게 곡식 창고를 맡겼다. 그 창고를 털어 가는 좀도둑을 잡으면 돈을 갚지 않아도 된다고 했는데, 청파는 좀도둑을 보았으면서도 잡지 못했어."

아저씨의 목소리는 점점 더 떨리고 있었다.

"왜 잡지 못했어요?"

"그 좀도둑 중 하나가 나였으니까."

나는 옳은 일과 필요한 일 중에 하나를 선택하라며 나를 궁지에 몰아넣던 청파를 떠올렸다.

"청파는 좀도둑을 알면서도 고하지 못한 죄까지 얹어서 매질을 당했고 결국 한쪽 눈을 잃었다. 잡혀 있는 와중에 청수마저 세상을 떠났지. 하늘 아래 둘도 없는 피붙이였는데 말이야. 그리고 나는 짬짬이 곡식 창고를 털어 돈이 꽤 있었는데도 치료비가 없어 힘들어하는 청파를 돕지 않았다. 내가 도와주었다면 청파가 그런 일에 연루되지도 않았을 텐데 말이야. 정치적인 입장을 빼놓고라도 우리 둘 사이엔 꽤 깊은 감정의 골이 있었던 거란다. 또한 청파가 나와 정치적 입장을 달리한 것도 알고 보면 이해 못할 바도 아니다. 지긋지긋한 가난과 가족을 지키지 못했단 죄책감이 청파를 더 독하게 만들었겠지. 게다가 세상일은 어디로 튈지 몰라, 온갖 법을 어기며 살던 내가 복위를 돕는다며 노산군의 편에 선 것이 그에게 얼마나 가당치 않게 보였을지…. 나도 이런 내가 부끄럽다."

청파는 왜 내게 이런 일을 말해 주지 않았던 걸까. 아니, 청파
는 내게 말해 주었다. 옳고 그른 것, 필요한 것과 필요하지 않은
것들은 언제든 변하는 것이라고. 그러니 변하지 않는 것을 생각
해야 한다고.

"단오 네가 이 일을 해결하기 위해서 어떤 위험을 감수했을지
나도 안다. 결국 영초와 군부인은 물론 네 가족도 지켜 냈지. 하
지만 나는 네가 스스로를 구하기도 했다는 것을 말해 주고 싶었
다. 나와 청파가 하지 못한 것을 너는 했다는 걸 잊지 말거라."

아저씨가 손을 뻗어 내 어깨를 어루만졌다.

"몇 달 전 이곳에서 네 부모와 말싸움을 벌였을 때, 우리 이야
기를 듣고 있는 너를 보았다. 그때 내가 말을 멈췄어야 했는데….
네 아비에게 충고해야겠단 이유 하나로 너를 뒤에 두고 기어코
모진 말을 쏟아 냈던 것을 많이 후회했다."

아저씨의 씁쓸한 표정이 마음에 걸렸다. 나 역시 그날 이후 아
저씨를 볼 때마다 나의 민낯을 드러내는 것 같아 괴로웠다. 내 불
행이 끝까지 파헤쳐지는 기분이었다.

"하지만 단오야, 너를 불길에 두고 나왔다고 네 어머니를 마냥
비난할 순 없단다. 찰나의 순간이기도 했거니와, 내가 그 방에 들
어가지 않았다면 네 어머니가 너를 구해 냈을 수도 있으니 말이
다. 게다가 그 시절 네 어머니는 입에 풀칠하기에도 매우 힘들었

던 시절이었으니 자포자기했던 심정도 충분히 이해할 수 있지 않겠니."

아저씨의 말처럼 나도 어머니의 마음을 이해할 수 있을 때가 있었다. 어머니는 내게 원망의 대상만은 아니었다. 어떤 오해가 있다면 어머니와 다시 마주하고 싶었다. 우리이게 필요한 것은 시간이었다.

"내가 더 빨리 움직였으면 네 몸에 이리 아픈 상처는 남지 않았을 텐데. 어찌 보면 나도 너에게 면이 없기는 마찬가지다."

"아닙니다. 저는 아직 아저씨께 감사하다는 인사도 하지 못했는걸요."

아저씨가 나를 보고 그제야 편안한 표정을 지었다. 아저씨에게도 나와 이런 대화를 하는 것이 편한 일은 아니었을 것이다.

"영초 말대로 단오 네가 정말 많이 자랐구나. 그럼 이제 또 언제 볼 수 있을지 모르지만 다음을 기약하자. 영초에게 네 안부도 꼭 전해 주마. 그리고 너희 둘은 나와 청파처럼 서로 미워하지 말고 머잖아 웃으며 만나기를 바란다."

아저씨는 마지막 인사를 남기고 길을 나섰다. 담벼락 모퉁이를 돌았을 때 나는 어머니의 얼굴을 마주했다. 우리는 서로가 들은 말이 무엇인지 알면서도 아무 말도 할 수 없었다. 어머니의 얼굴을 제대로 바라볼 수 없어 시선을 돌렸을 때, 발아래에 소낙비를 흠뻑 맞은 홍화가 눈에 들어왔다. 홍화 잎사귀가 새초롬한 표정으로 우리를 올려다보고 있었다.

방으로 들어가니 겸오가 무릎을 세우고 앉아 훌쩍이고 있었다. 정오는 겸오가 왜 우는지 이유를 모르겠다며 그저 바라만 보고 있었다.

"형, 막수 아저씨랑 같이 떠나려고 그러는 거지? 응?"

나더러 도망가라고 외치던 겸오의 마음이 지금 이 마음과 다르지 않을 것이다. 소중한 사람이 아파하는 것을 지켜보는 일은 또 다른 불행의 씨앗이었다. 살아남은 나를 보는 일이 어머니에게 그랬을 것이고, 위험에 빠진 영초와 군부인을 보았을 때 내 마음이 그랬다. 소중한 누군가가 아프지 않기를 바란다면, 그 시작은 바로 '나 자신'이어야 했다. 변덕스러운 계절의 바람을 맞으면서도 끝내 싹을 피워 내는 씨앗처럼 그래야 했다.

"그래. 나 도망갈게. 그런데 너무 걱정하지 마. 겸오야. 내가 도망쳐서 새로 시작할 곳도 여기일 거야."

내가 이번 일로 깨달은 것들이 겸오에게도 온전히 느껴지기를 바랐다. 그리고 겸오가 내 걱정은 내려놓고 자신의 씨앗을 소중히 여기기를 간절히 바랐다.

조금 따뜻한 기운이 감도나 싶더니, 심술궂은 늦겨울 추위가 지루하게 반복되었다. 나는 날씨가 좋든 나쁘든 틈나는 대로 산에 올랐다. 혼자 산에 올라 그 자리를 꼿꼿이 지키는 식물들을 지켜보는 일은 늘 새롭고 날 즐겁게 했다. 산에서 함께 약초를 캐자고 권유했던 건 영초였다. 내가 집 안에 틀어박혀 아무것도 하지 않는 것을 안타까워했고, 내가 무엇이든 하기를 간절히 바랐던 사람도 영초였다. 그 애가 지금은 여기에 함께 있지 않아도 나는 늘 함께 있는 것처럼 즐거운 마음으로 산에 올랐다. 그것이 내가 영초에게 미안한 마음을 갚는 일이라고 믿었다. 다만 산속에서 들려오는 소리에 귀를 기울이고 있노라면 영초가 재잘거리는 소리 같아 자꾸만 뒤를 돌아보곤 했다. 아쉬운 마음이 한가득이지만, 훗날 영초를 만나게 된다면 이만큼 열심히 지낸 나를 꼭 보여 주고 싶었다.

산 군데군데에는 눈이 녹지 않은 곳이 많았다. 미끄러지지 않으려 애를 쓰다가 돌 위에 쌓인 눈을 밟고 그대로 주르륵 미끄러졌다. 내가 미끄러져 멈춘 곳 바닥에 쌓인 눈이 빨갛게 물들어 있었다.

"유능한 약초꾼들은 눈밭에 빨간 자국만 봐도 지초인 걸 금방 안다고 했어."

언젠가 영초에게 들었던 말이 메아리가 되어 들려왔다. 나는 조심스럽게 빨갛게 물든 눈을 파헤쳤다. 작은 지초 군락지였다. 한겨울의 눈 이불 속에서도 자신의 존재를 끊임없이 알리는 지초가 기특하고 대견했다.

나는 조심스럽게 언 땅을 파헤쳐 지초 두 뿌리를 캐냈다. 늦겨울에 만난 뜻밖의 수확에 마음이 금방 푸근해졌다.

"너를 어디에 쓰면 좋을까?"

이제 송현 나루터에 가서 지초를 팔진 않지만 몇몇 사람들이 알음알음 나를 찾아오곤 했다. 그 덕분에 동생들에게 형 노릇을 할 수 있었다. 많은 것들이 전에 없이 자리를 잡아 가고 있었다. 한편으로 종종 마음이 허전해지는 이유는 보고 싶은 사람들을 볼 수 없기 때문이었다. 게다가 전하지 못한 많은 말들이 내게 아직 남아 있었다. 언젠가 만나면 무슨 말을 먼저 해야 할지 그 순서를 생각했고, 매일매일 그 순서는 뒤바뀌었다. 하지만 내가 보고 싶은 사람들은 이런 망설임이 곧 진심이라는 걸 알려 준 사람들이기에 나는 조금도 걱정하지 않았다.

지초 두 뿌리를 망태기에 조심스럽게 넣고 산을 내려왔다. 어디로 가야 할까 망설이다 나는 내가 늘 같은 자리를 서성이고 있다는 것을 깨달았다. 망태기 안을 열어 보니 아직 녹지 않은 빨간 눈이 보였다. 나와 이야기할 때면 빨갛게 물들곤 했던 영초의 뺨, 나를 보면 눈물부터 흘렸던 겸오의 빨간 눈가, 한겨울 차가운 물에 꽝꽝 얼어붙은 어머니의 벌건 손, 나를 불길 속에 던진 아버지의 부끄러운 얼굴, 열이 올라 터질 것처럼 어찌할 수 없었던 나의 마음, 그런 내 마음을 다독여 주었던 군부인의 붉은 천….

나는 이 많은 것들을 생각하며 발걸음을 옮겼다. 오래 발을 들이지 않았어도 마음으로는 수만 번도 더 내달렸던 곳이 내 눈앞에 가까워지고 있었다. 이윽고 한달음에 달려갈 수 있는 야트막한 언덕 위에 올라섰다. 그 집 마당이 한눈에 보였다. 마당에서 자주색 천 자락이 바람을 따라 펄럭이고 있었다. 더 또렷하게 보고 싶어 나는 온 힘을 다해 눈을 크게 떠 보았다. 그리고 펄럭이는 천 자락 아래에 허리를 구부리고 앉아 이야기를 나누는 두 사람의 모습을 보았다. 다정한 이야기를 주고받는 듯 고개를 젖히며 맑게 웃는 그 두 사람은 분명 나에게 너무 익숙한 사람들이었다. 나를 나보다 더 좋아해 주었던, 더 많이 알아주었던 두 사람. 나는 그 두 사람을 잠시도 잊은 적이 없었다.

생각할 겨를도 없이 나는 온 힘을 다해 언덕길을 달렸다. 내가 다가가고 있다는 것을 알았는지 두 사람이 벌떡 일어나 나를 향해 크게 손을 흔들었다.

"단오야. 빨리 와!"

붉어진 내 얼굴을 보고 얼마나 웃어 댈지, 내 망태기 안에 있는 지초 뿌리를 마음에 들어 할지, 오래 준비했던 내 마음을 나는 어떤 것부터 꺼내 놓을 수 있을지. 내 온 마음이 두 사람을 향해 달려가고 있었다.

작가의 말

"1년 동안 감옥에서 살면, 10억 원을 드리겠습니다."

이 조건에 선뜻 그렇게 하겠다고 할 사람이 많다는 조사를 본 적이 있습니다. 평생 10억 원이라는 돈을 모으기 쉽지 않으니, 자신의 시간을 옥살이에 쓰는 것이 나쁜 조건은 아니라고 말입니다. 그런데 돈을 위해 내놓아야 할 가치가 시간이 아닌 꿈, 명예, 사랑이라면 어떨까요?

어떤 사람에게 당장은 '돈'이 가장 중요한 가치이고 목적일 수 있지만, 어느 순간 '시간'이 더 소중해질 수 있습니다. 그러다 '시간'보다 중요한 것은 '사랑'이라고 생각할 수도 있겠죠. 세상은 우리가 따라갈 수 없을 정도로 빠르고 복잡하게 변하고 있고, 우리는 언제든 바뀔 수 있으니까요.

그렇다면 이런 변화 속에서 우리가 지켜야 할 것은 무엇일까요? 그 질문에 제가 찾은 답은 '과정의 아름다움과 선량함'이었습니다.

조선의 어린 왕 '단종'의 삶에 얽힌 슬픈 이야기는 잘 알려져 있습니다. 단종은 왕이었지만 힘없는 어린아이였고 열여섯 살이라는 이른 나이에 결국 죽음을 맞아야 했습니다. 단종의 목숨과 맞바꿔야 했던 명분은 도대체 무엇이었을까요? 역사책에 전해지는 사람들이 그들의 목적을 이룬 과정은 어떠했나요? 자신들이 옳다고 믿는 가치를 위해 그들이 내버린 것은 무엇이었을까요? 단종이 떠나고 남겨진 수많은 사람과 이 시대의 우리는 어떤 과정을 밟으며 살아가고 있나요? 역사는 우리와 동떨어진 듯 보이지만 현재와 이어지며, 끊임없이 우리가 가야 할 길을 밝혀 줍니다.

"모로 가도 서울만 가면 된다"라는 말을 우리는 일상에서도 곧잘 하곤 합니다. 앞으로 걷든 옆으로 걷든 서울에만 다다르면 그만이라는 뜻이지요. 이 말처럼 언제부터인가 결과가 좋지 않으면, 모로라도 목표를 이루지 못하면 어리석고 답답한 사람으로 여겨집니다.

저는 소중한 것은 쉽게 얻어지지 않는다는 말을 좋아합니다. 하나의 씨앗이 예상치 못한 시련을 겪으면서도 차근차근 자신의 시간을 밟아 나가는 것처럼요.

이 이야기는 아름다운 목표를 향해 한 걸음 한 걸음 씩씩하게 걸어가고 있는 여러분을 위한 것입니다. 여러분의 과정이 틀리지 않았다는 응원이자 저 역시 여러분을 따라 걷겠다는 약속이기도 합니다. 힘든 과정 속에서도 앞서 걸어간 사람의 올곧은 발자국과 그 옆에 떨어진 맑은 땀방울을 만나고 싶습니다.

우리, 그곳에서 서로의 이야기에 귀 기울이며 함께 걸어요. 지치지 않는 올곧은 발걸음으로요.

지혜진

오늘의
청소년
문학
└── 45

다른 인스타그램

뉴스레터 구독

자줏빛 끝동의 비밀

초판 1쇄   2025년 2월 24일

지은이   지혜진

펴낸이   김한청
기획편집   원경은 차언조 양선화 양희우 유자영
마케팅   정원식 이진범
디자인   이성아 황보유진
운영   설채린

펴낸곳 도서출판 다른
출판등록 2004년 9월 2일 제2013-000194호
주소 서울시 마포구 동교로 27길 3-10 희경빌딩 4층
전화 02-3143-6478 **팩스** 02-3143-6479 **이메일** khc15968@hanmail.net
블로그 blog.naver.com/darun_pub **인스타그램** @darunpublishers

ISBN 979-11-5633- 667-9 44080
ISBN 978-89-92711-57-9 (세트)

다른 생각이
다른 세상을 만듭니다